债券融资

——破解科技型中小企业融资难题

吴庆念 著

浙江工商大学出版社
ZHEJIANG GONGSHANG UNIVERSITY PRESS

图书在版编目(CIP)数据

债券融资：破解科技型中小企业融资难题 / 吴庆念著. —杭州：浙江工商大学出版社，2015.6
ISBN 978-7-5178-1099-5

Ⅰ.①债… Ⅱ.①吴… Ⅲ.①中小企业—企业融资—债券融资—研究—中国 Ⅳ.①F279.243

中国版本图书馆 CIP 数据核字(2015)第 115262 号

债券融资
——破解科技型中小企业融资难题
吴庆念 著

责任编辑 吴岳婷 刘 韵
责任校对 王俏华
封面设计 元石视觉
责任印制 包建辉
出版发行 浙江工商大学出版社
(杭州市教工路 198 号 邮政编码 310012)
(E-mail:zjgsupress@163.com)
(网址:http://www.zjgsupress.com)
电话:0571-88904980,88831806(传真)
排 版 杭州朝曦图文设计有限公司
印 刷 杭州恒力通印务有限公司
开 本 710mm×1000mm 1/16
印 张 12.75
字 数 181 千
版 印 次 2015 年 6 月第 1 版 2015 年 6 月第 1 次印刷
书 号 ISBN 978-7-5178-1099-5
定 价 38.00 元

前　言

科技型中小企业的发展需要中长期资金的支持，而银行信贷融资的短期性、股票融资的高准入门槛等问题使科技型中小企业难以得到中长期资金，发展科技型中小企业债券融资显得尤为迫切。我们综合应用现有的制度和技术，提出了一套系统性的制度和技术相结合的科技型中小企业债券融资解决方案，并论证了其实践的可行性。我们总结了科技型中小企业融资难的根源，考察了国内债券市场的现状、发展趋势、政府支持政策和主要债券融资模式等方面，认为债券市场可以成为科技型中小企业中长期资金融通的主要来源。目前存在的根本性障碍是，科技型中小企业高信用风险的本质特征，与投资者风险回避（低风险承受能力）的“风险落差”。而且这个矛盾不可能通过提高信用溢价的形式予以消除。我们重点研究了中小企业债券的风险溢价、流动性和融资成本问题，在信用风险无法“消灭”的情况下，我们提出了“风险分担”的创新思维方向。一方面，运用信息经济学相关原理，通过综合性制度安排，将降低信息不对称、消除寻租空间、分担风险等纳入一个统一的模式系统，从制度上控制信用风险，降低交易费用。另一方面，运用金融工程基本方法，提出了信用衍生工具和债券相结合的具体融资模式，并进行了可行性论证。

在国际信用衍生品理论和实践正迅速发展的背景下，本对策方案具有很强的理论前瞻性。而在国内利率完全市场化即将实现，“十二五”期间国家大力发展金融衍生品市场的背景下，本对策方案具有很强的现实可能性。目前国内大量民间资本缺乏投资渠道，针对民间资本的有序引导，本对策方案也具有积极的实践操作意义。

本书是2013年浙江省科技厅软科学重点研究项目“发展科技型中小企业债券融资对策研究”(2013C25126)的成果。浙江大学钱一鹤博士为本项目做了大量研究和撰写工作，参加本项目研究的成员还有倪成伟、费雄文、吾忠法、周海霞、姜亚枫、舒雄等，浙江经济职业技术学院、深圳中商智业投资顾问有限公司也给予了本项目大力支持，在此一并表示感谢。本书在撰写过程中，参阅、借鉴并引用了相关文献、数据及资料等研究成果，主要书目、文章列于本书的参考文献中，特此说明并致谢意。

由于著者水平有限，书中难免有欠妥和不足之处，敬请广大同行和读者批评指正。

作　者

2015年4月

目　录

第一篇　背景与现状

第二篇　经验及案例

第三篇　理论与实证

第一篇　背景与现状

第一章
研究科技型中小企业债券融资的背景分析

对银行信贷过度依赖、融资渠道相对单一,是目前科技型中小企业融资的主要格局。在经济增速放缓、经济下行压力增大的时期,银行贷款日趋谨慎,科技型中小企业融资更加困难。因此,大力发展直接融资,需要鼓励科技型中小企业利用债券融资等直接融资工具,拓宽融资渠道。

第一节　科技型中小企业融资问题的提出

中小企业在我国经济中的重要作用已经被广泛认同,2003 年《中华人民共和国中小企业促进法》的施行,标志着我国在经济法律上确立中小企业在市场经济建设中的主体地位。此后,政策面虽然给予中小企业种种倾斜,但融资难一直困扰着中小企业。作为中小企业中的特殊成员,科技型中小企业在很大程度上还承担着新兴科技成果产业化的重任,在节能减排、产品升级,乃至产业结构转型升级等领域发挥着不可替代的作用。蓬勃发展的科技型中小企业群体在很大程度上体现着一个国家经济发展的潜力。

浙江是民营中小企业最为活跃的省份,大量中小企业已经形成具有一定集聚程度的产业集群,但这些产业集群多为外向型、低附加值的传统制造业。近年来省内中小企业在国际经济不景气的背景下遇到前所未有的困难,产业转型升级迫在眉睫。浙江的中小企业产业群能否从低附加值、劳动密集型的传统制造业,成功升级为科技型的高附加值产业群,关系到浙江经济今后几十年乃至上百年的发展后劲强弱。浙江中小企业(包括科技型中小企业)在融资方面存在一些突出问题,主要表现在如下几个方面:

1. 中小企业融资遭遇瓶颈并缺乏制度保障

转型升级期的中小企业资金需求,尤其潜在需求巨大。一方面,产品需要更新换代,或者由于人工、场地等成本迅速增加等原因,一大批制造企业本身有很大的技改需求。如奉化有许多灯具企业,原来一条生产线需要数十名工人,引进自动化流水线后几个工人就可以生产,甚至可以无人操作,灯具质量可以明显提高。在目前灯具制造业处于生存危机的情况下,融资技改是很多企业家的迫切愿望。另一方面,目前浙江民营企业正处于企业家代际交接班高峰期,由于第一代企业家创办的多为传统制造业,这类产业生存环境日益恶化,许多第二代更愿意在原有产业基础上发展衍生产业,甚至重新创业。以上两方面都为浙江中小企业产业集群的整体转型升级提供了机遇,但都遇到融资瓶颈。

中小企业资金的使用存在一定的混乱情况,对资金使用的监督缺乏制度性保障,这也是中小企业融资渠道缺乏的重要原因。一方面,中小企业风险较大,近两年来通过企业平台融资,用于房地产投资或者进行民间放债,最终导致资金链断裂等事件偏多,令银行等传统融资渠道不敢贷款。另一方面,中小企业信息不透明,信息成本偏高,而目前尚没有与中小企业融资监督相关的专门法规,也没有形成可以有效降低信息成本的制度安排。

2. 中小企业融资模式创新仍难以解决融资难、成本高的问题

中小企业融资模式虽不断创新,但仍然面临融资难、成本高的问题。中小企业债券融资尚处于试验期,市场不成熟,发展缓慢。

从现有融资渠道来看,中小企业融资渠道狭窄,资金供需偏好相左。近十年来,浙江在中小企业融资方面进行了许多有意义的实践,但推广难度很大。譬

如,传统渠道中的银行中小企业贷款,中小企业的高风险性违背银行经营“三性”之一的安全性,为了安全性,银行中小企业贷款的管理成本相对过高,而中小企业在贷款中涉及担保等问题,融资成本也很高;小额贷款公司面临着资金供给不足和贷款监管方面不足的问题;民间借贷面临着制度保障缺失、信息不透明等种种问题,不可能成为中小企业融资的主要渠道。

3. 中小企业上市融资只能惠及小部分企业

创新融资方面,中小企业上市受到规模和相关财务标准的限制,注定只能惠及小部分企业。

目前中小企业融资创新最活跃的领域是债券相关的领域:中小企业集合债和集合票据发展相对较快,浙江企业也积极参与,但是面临担保、信息披露、二级市场流动性等方面的问题,至今推广缓慢;中小企业私募债发行以来,浙江企业表现出极大的积极性,到目前为止占据了 1/4 的发债数量,但同样面临流动性问题,目前还处于试验期;另外,浙江还发行过中小企业集合债券信托的创新模式。这些创新模式发展时间均不超过五年,但从企业的积极性来看,应该是今后发展的主要方向。

第二节　科技型中小企业融资的国内外现状比较

中小企业融资问题在全球都存在,从各主要国家看,自筹方式仍然是中小企业,尤其是初创企业的主要资金来源。但经验证明,依赖内源融资无法保证企业持续成长。而各国也都认识到了中小企业在国民经济中的重要作用,因此各主要国家都采取政府支持的政策,形成了各具特色的整套中小企业融资保障机制。

1. 国外各具特色的中小企业融资保障机制

首先,主要发达国家对中小企业融资都予以法律上的支持,代表性的如美国,拥有一系列针对中小企业融资的法律:《机会均等法》《公平信贷机会法》《小企业股权投资促进法》等。同时各国政府积极参与,在政策上给予支持。如美国1953年就设立了联邦中小企业局(Small Business Administration,SBA),SBA不直接向中小企业贷款,但它通过担保等信用加强措施,鼓励或发动金融机构发放小企业贷款或进行风险投资。事实上SBA已经是美国最大的金融支柱之一。英国则推出了诸如"小企业贷款担保方案""区域风险资本基金""早期成长基金""风险资本信托基金""英国高技术基金""商业孵化基金"等一系列商业金融计划,以改善中小企业的金融环境,帮助中小企业获得资金融通,促进其健康发展。以色列则以其针对高科技企业的风险投资基金闻名于世,实际上,以色列风险投资规模仅次于美国,其政府引导的母子基金模式成为各国效仿的榜样。另外,美国、英国、日本等主要国家都设有中小企业投资公司等专门服务中小企业的金融机构。

其次,从融资渠道来看,银行仍然是这些国家中小企业的主要资金来源,但并非纯粹的贷款,或者银行中小企业贷款的目的不是纯粹地赚取利息,如美国商业银行对中小企业贷款积极性很高,但目的在于参与中小企业成长,为企业发展后的业务往来打好基础。这种模式需要银行具备相当的"眼光",但在客观上促进了美国整体产业的发展。

美英等国也充分利用了其发达的资本市场为中小企业服务。以美国为例,著名的纳斯达克证券交易所(NASDAQ)是一个专门针对中小企业融资的股票市场。而美国的债券市场甚至比股市还早出现,美国拥有发达的场外债券交易市场,交易规模是股市的数倍,政府鼓励中小企业根据自身情况发展,美国的"垃圾债券"(也叫高收益债券)市场全球闻名。

再次,从扶持的行业来看,美国重视高科技型中小企业的融资问题;日本比较重视中小企业吸收引进技术,这和日本注重应用技术的发展有关;意大利则重视制造型中小企业的发展;法国注重扶持服务型中小企业,目的在于增加就业潜力;瑞士和西班牙在对社区型中小企业的扶持上比较出色。

2. 我国中小企业融资现状的特点

对比中外中小企业融资现状，我国在中小企业融资现状方面表现出几个特点：

第一，借鉴了许多成功的经验。我国在中小企业融资的各个方面都有所行动，如颁布了《中小企业促进法》，为中小企业融资出台了许多优惠措施，我国的金融机构也进行了许多有益的尝试。

第二，政策落实有待深化。如，政府的许多政策需要金融机构去实施，没有全国性的技术性机构（如美国的 SBV）去具体执行和促进中小企业融资。这样的工作需要专业人员队伍的培养，相关信息资源的积累，以及与金融机构合作机制的培育。

第三，金融机构对待中小企业融资的操作模式有待转变，这是一个系统工程。如，银行小额贷款在我国体现出很强的政策性，对银行效益贡献较小。如果转变成美国的中小企业贷款运作模式，既需要银行组建和培养非常专业的信贷人才，也需要改变银行的考核机制，还需要建立政府相关机构（当然先要组建类似 SBV 的机构）和银行的相应合作机制。

第三节　科技型中小企业融资的发展趋势

中小企业融资总体上可以分为股权融资和债务融资两类，股权融资主要针对高科技高成长性企业，但比重很小，大部分中小企业，包括科技型中小企业的发展都依赖于债务融资。而债务融资又分为两大类——银行贷款和债券融资，两者都以债券市场的发展为前提条件。传统以间接融资为主的国家，由于债券市场的发展吸引了原本属于银行的优质客户，商业银行被迫将更多的精力投向中小企业，韩国和日本是这种方式的代表。而以直接融资为主的国家，则在中小企业直接债券融资上进行了大量创新，以美国为典型代表，美国的“垃圾债券”市场至今为止仍是中小企业债券融资最成功的创新。

然而，总体来说，中小企业融资难的问题并没有彻底解决。主要问题可以归纳为三个：第一，中小企业本身的高信用风险；第二，中小企业债权（包括贷款和债券）的流动性风险；第三，中小企业融资的高成本。三者之间是相关联的，但多数创新只解决其中的一到两个问题。

目前国际上针对三种类型的风险都存在不同的创新模式，如：多家企业捆绑融资等，以降低融资成本；用担保，抵押，信用风险衍生品（如 CDS，CDO）等转移信用风险；通过制度设置（如做市商制度）增加市场流动性等。这些创新在一定程度上缓解了上述问题，但未能很好地从整体上兼顾以上三大问题。如做市商制度并没有解决投资者对高风险债券的回避态度（债券市场的投资者相对股票市场更加趋向风险回避），担保、抵押等增信方式只是转移了信用风险，很多时候不能有效化解风险，尤其在危机时期。信用衍生品市场主要针对大型企业，而捆绑融资又存在协调上的困难。

就国内发展趋势而言，我国目前在直接融资和间接融资两方面都在探索，但多停留在政策倾斜层面，产品创新，尤其制度创新比较落后。商业银行针对中小企业的贷款存在明显的政策主导色彩。而针对中小企业的债券产品尚处于试点阶段，由于利率市场化尚未最终实现，债券市场的风险定价机制不成熟，投资者的积极性远没有预期的高。现有相关债券包括银行间债券市场交易的中小企业集合票据、交易所交易的中小企业私募债、两个市场都有的中小企业集合债。这些创新产品在一定程度上降低了中小企业债券融资的成本，减少了相关限制，但没有解决信用风险和流动性问题。已经出现的个别债券信用危机都是通过行政手段获得化解，凸显制度创新的不足。另外，银行间债券市场还有一种针对中小企业贷款的资产证券化品种——小微企业金融债。该债券的主要创新之处仅在于增加了商业银行中小企业债权的流动性，而信用风险仍由商业银行承担。

总的来说，我国中小企业融资探索亟待从以政策扶持为主，向制度和产品创新为主转变。政策创新和制度创新应该成为今后一段时间我国解决中小企业融资难题的主要探索方向。

第四节　研究科技型中小企业债券融资的背景和意义

1. 研究科技型中小企业债券融资的背景

第一,中小企业融资难问题是一个老大难问题。中小企业发展所需的资金供需矛盾突出,传统融资渠道很难满足,如银行贷款强调安全性,风险投资退出渠道不畅,民间融资缺少制度保障,成本过高。科技型中小企业在科技成果产业化、节能减排,乃至整体产业结构升级等方面起着非常重要的作用。然而与一般中小企业相比,科技型中小企业需要更大的投入,也需要冒更大的风险。因此,其资金供需矛盾尤其突出。能否构建合适的融资渠道成为科技型中小企业发展的瓶颈。

第二,我国"十二五"期间将大力发展债券及其衍生品市场,债券融资可以成为中小企业融资的有效渠道。由于浙江省作为中小企业集聚程度很高的省份,研究中小企业债券融资问题具有现实的迫切性,同时也具有广泛的运用前景。目前,中小企业集合债、中小企业私募债已经开始推广,浙江省中小企业积极性很高,发债比重占到全部发行量的25%左右。

科技型中小企业是中小企业中的特殊成员,中小企业债券融资的成功经验如何嫁接到科技型中小企业,以及债券融资对科技型中小企业有何特殊的促进作用和需要防范什么特殊的潜在风险,这些都是亟待解决的现实问题。及时研究可以为政策的制定和实际操作提供有意义的借鉴。

2. 研究科技型中小企业债券融资的意义

(1)研究科技型中小企业债券融资创新模式及其流动性问题,寻找降低中小企业债券融资成本的途径,提出增强中小企业各类债券流动性的对策。

从中小企业融资方面看,我们认为,浙江中小企业产业群整体上存在很大的潜在融资需求,而这种需求又多与产业升级相关,传统融资渠道很难满足。中小企业融资渠道的创新从近期看是企业渡过经济难关和自身发展的需要,从长远看是促进浙江产业转型升级的保障,而创新的方向应该在债券相关产品。因此,研究如何降低中小企业债券融资的成本,提高中小企业债券产品的流动性,不仅具有现实性,而且存在紧迫性。

(2)研究科技型中小企业债券融资的风险问题,提出中小企业债券融资的增信、风险控制和定价等方面的对策。

中国的债券市场尚处于发展阶段,债券融资是一个综合性工程,涉及评级、增信、债券发行、债券流通、债券风险控制、风险定价、制度建设和宏观监控等多个方面。借鉴国外成功的经验可以使我们少走很多弯路,可以充分利用后发优势,降低制度成本。国外成功的经验如何与中国实际、与浙江省中小企业的实际相结合,具有丰富的研究内容和很强的现实指导意义。同时,中小企业债券融资在中国刚刚起步,潜在的长期风险尚未被发现,也需要未雨绸缪地进行研究,及早发现及早控制。

(3)研究科技型中小企业债券的溢价和衍生产品等问题,提出中小企业债券融资风险对冲机制、制度创新、政策建议等对策。

债券市场本身缺乏流动性,增加其流动性可以有效降低溢价。因此债券衍生产品是近几十年来国际金融市场发展的重点。但衍生品的过度杠杆化也导致了如今的全球性金融危机,所以流动性问题至今没有很好地解决。中小企业债券的流动性问题更加突出,与中小企业债券相关的衍生产品可能成为今后理论和实践的重点。而中国市场具有很多与西方发达国家不同的特点,从中国的实际出发可以进行相应的金融创新,尤其是制度方面的创新。另外,为加强流动性,做市商制度、机构投资者的培育也是债券市场研究的重点问题,在中国这些都尚处于发展之中,需要不断总结经验和教训。

(4)国家和浙江省金融“十二五”规划均提出要积极发展债券市场,研究中小企业债券融资具有积极的实践意义。

积极发展债券市场,不仅为中国债券市场提供了巨大的发展空间,债券市场的功能将得到进一步的深化发展,同时也意味着债券市场将在完善我国经济和金融市场体系、改善企业融资结构、优化市场资源配置、控制金融系统性风险、推进利率市场化等方面,扮演越来越重要的角色。近几年,国债期货、中小企业高收益债券、银行信贷资产证券化、资产支持证券等一系列涉及债券市场的创新业务受到市场的高度关注。总之,科技型中小企业债券融资问题的研究具有很强的理论和现实意义。

第二章
科技型中小企业的概况及融资现状

我们通过自行收集和购买数据等方法，在可得数据范围内判断全国和浙江省的科技型中小企业的概况、融资现状及特点，加以比较分析，进一步考虑科技型中小企业的特征，研究适合科技型中小企业的债券融资模式。

第一节　我国科技型中小企业概况

1.科技型中小企业的界定

(1)概念界定。

科技型中小企业是具有科技型企业和中小企业双重特征的一类企业，是作为科技型企业与中小企业的共同体而存在的，所以我们在对科技型中小企业的概念进行界定时，必须要从科技型企业和中小企业两个层面进行分析和把握。

关于科技型企业。有学者认为科技型企业等同于高技术企业，陆立军、盛世豪(2002)指出："科技型企业(高技术企业)应是指那些研制、开发、生产、销售高技术产品或大规模运用高技术的企业，它不同于一般企业的本质特点是在为社会提供产品或劳务的过程中涉及的基于新兴科学知识的技术含量比较高。"①

---

① 陆立军、盛世豪：《科技型中小企业：环境与对策》，中国经济出版社 2002 年版。

关于高新技术企业。科技型企业(高技术企业)是根据产品的知识密集程度、技术密集程度、研发活动、经营规模、核算方式、企业家素质、科技活动人员比例、研发投入强度、技术性收入与高技术产值比例等主要指标来认定的。在我国实践中高新技术企业除必须与高新技术或高新技术产品相联系外,还必须满足企业规模和经营期等条件的限定,即企业规模和经营期必须达到规定条件以上的企业才可能成为高新技术企业,而且还要求具有较高的管理水平和较好的经济效益。[①]

科技型中小企业是进行高新技术的研究、开发,从事高新技术产品和服务的生产和销售活动,具有较高水平的科技创新能力和较强的产品竞争能力的一类企业。其次,作为中小企业的一种类型,科技型中小企业的规模都相对较小,大多数企业都处于创业阶段或者成长阶段。

科技型中小企业是指以科技人员为主体,由科技人员创办,主要从事高新技术产品的科学研究、研制、生产、销售,以科技成果商品化以及技术开发、技术服务、技术咨询和高新产品为主要内容,以市场为导向,实行"自筹资金、自愿组合、自主经营、自负盈亏、自我发展、自我约束"的知识密集型经济实体。简而言之,科技型中小企业是以创新为使命和生存手段的企业。

科技型中小企业是国民经济的重要组成部分,但是至今对于科技型中小企业尚无统一的定义,也尚未对科技型中小企业进行正式统计,这对于科技型中小企业的宏观管理和发展政策研究多有不便。

(2)产业领域和技术领域[②]。

在科技型中小企业服务网上注册的企业,必须属于下述规定的产业领域。大的类别包括农业、工业、科技服务业三大类,其细类与科技型中小企业认定产业领域范围相对应。

---

① 科技部火炬中心:《关于科技型中小企业界定标准的研究报告》,http://www.chinatorch.gov.cn/cxjj/llyj/201312/。

② http://baike.baidu.com/view/1182380.htm? fr=aladdin.

本书中所研究的对象主要是指制造业的科技型中小企业。

在科技型中小企业服务网上注册的企业,其主营业务必须属于下述规定的技术领域:电子与信息;生物与医药;新材料;光机电一体化;资源与环境;新能源与高效节能;高技术服务业;农业与农村;航空与航天;地球、空间、海洋工程;核应用技术。

(3)中小企业划分标准。

2011 年 6 月,工信部、发改委、统计局、财政部联合发布了我国最新的中小企业划分标准,将我国中小企业划分为中型、小型、微型三种类型,具体标准是根据企业从业人员、营业收入、资产总额等指标,结合行业特点将企业划型如表 2-1:

表 2-1 中小微型企业划分标准

行业	从业人员上限(人)			营业收入上限(万元)			资产总额上限(万元)		
	中型	小型	微型	中型	小型	微型	中型	小型	微型
农林牧渔业				20000	500	50			
工业	1000	300	20	40000	2000	300			
建筑业				80000	6000	300	80000	5000	300
批发业	200	20	5	40000	5000	1000			
零售业	300	50	10	20000	500	100			
仓储业	300	100	20	30000	1000	100			
住宿业	300	100	10	10000	2000	100			
餐饮业	300	100	10	10000	2000	100			
信息传输业	2000	100	10	100000	1000	100			
软件和信息技术服务业	300	100	10	10000	1000	50			
房地产开发经营				200000	1000	100	10000	5000	2000
物业管理	1000	300	100	5000	1000	500			

续　表

行业	从业人员上限(人)			营业收入上限(万元)			资产总额上限(万元)		
	中型	小型	微型	中型	小型	微型	中型	小型	微型
租赁和商务服务业	300	100	10				120000	8000	100
其他未列明行业	300	100	10						

(数据来源:中商顾问、国家统计局)

注:根据《中小企业划型标准规定》制作,三项指标中有一项未达到上限即划分为该类型企业。

根据《中小企业促进法》中的科技型中小企业中工业(包括采矿业,制造业,电力、热力、燃气及水生产和供应业)的界定为:从业人员1000人以下或营业收入40000万元以下的为中小微型企业。其中,从业人员300人及以上,且营业收入2000万元及以上的为中型企业;从业人员20人及以上,且营业收入300万元及以上的为小型企业;从业人员20人以下或营业收入300万元以下的为微型企业。

(4)科技型中小企业划分标准。

根据《国务院办公厅转发科学技术部、财政部关于科技型中小企业技术创新基金的暂行规定的通知》(国办发〔1999〕47号)及相关管理办法的规定,科技型中小企业进行创新基金申报需要符合以下标准:

①符合科技型中小企业创新基金申报要求的八大领域:新能源汽车、现代农业、电子信息技术、生物与医药、新材料、光机电一体化、新能源与高效节能、环境与资源。

②符合国家产业政策、技术政策,技术含量高、创新性强,技术处于省内或者国内领先水平,自主知识产权清晰。

③职工人数原则上不超过500人,具有大专以上学历的科技人员占职工总数的比例≥30%,研发人员占职工总数的比例≥10%。

④财务上资产负债率≤70%,研发费用≥销售额的5%。

⑤企业可产生较好的经济效益和社会效益（如带动就业、改善环境、出口创汇、节能环保、提供工作效率等）。

2. 数量及规模分布

(1)我国科技型中小企业数量。

本部分内容所提及的科技型中小企业仅是指从事制造业的科技型中小企业，即具有一定技术含量和技术创新性产品的研究、开发、生产和经营业务的企业，不包括以科技成果商品化以及技术开发、技术服务、技术咨询等单纯的商业经营性企业。划分标准是依据中小企业划分标准、科技型中小企业服务网上规定的11类技术领域划分。

表 2-2 2013 年我国科技型中小企业（制造业）数量

区域	中型企业数量（家）	小型企业数量（家）	中小企业数量合计（家）
全国	34047	188388	222435
江苏	4316	27866	32182
山东	3061	23893	26954
浙江	3045	20940	23985
广东	5540	16907	22447
河南	2370	10678	13048
辽宁	1210	9778	10988
安徽	871	9018	9889
湖北	1228	8048	9276
福建	1540	7005	8545
湖南	1237	6934	8171
四川	1390	6313	7703
河北	976	6420	7396
上海市	1096	5547	6643
江西	1027	3636	4663

续　表

区域	中型企业数量(家)	小型企业数量(家)	中小企业数量合计(家)
重庆市	671	2778	3449
吉林	323	3079	3402
天津	512	2723	3235
广西	724	2387	3111
陕西	493	2191	2684
北京	429	2073	2502
黑龙江	294	2115	2409
内蒙古	295	1755	2050
云南	321	1291	1612
山西	411	1187	1598
新疆	168	1028	1196
贵州	143	1050	1193
甘肃	150	868	1018
宁夏	75	486	561
海南	74	176	250
青海	54	185	239
西藏	3	33	36

(数据来源:中商顾问、国家统计局)

2013年,我国科技型中小企业数量共22.24万家,其中科技型中型企业数量为34047家,小型企业数量为188388家。我国科技型中小企业数量达2万家以上的共有4个省市,其中,江苏省科技型中小企业数量位居全国之首,企业数量达3.22万家;其次是山东省,科技型中小企业数量为2.70万家;浙江省位于全国第三,科技型中小企业数量为2.40万家;广东省名列第四,科技型中小企业数量为2.24万家。

(2)我国科技型中小企业规模分布

2013 年,在我国科技型中小企业规模分布中,小型企业占比较大,占全国中小企业数量的 85%,而中型企业数量仅占 15%。

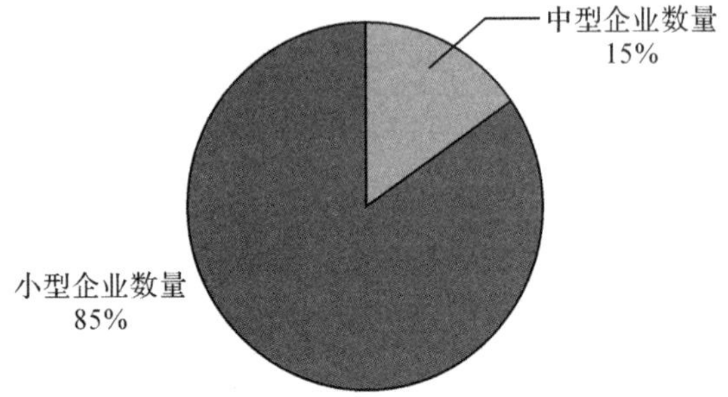

图 2-1 2013 年我国科技型中小企业规模分布

(数据来源:中商顾问、国家统计局)

3. 区域及行业分布

2013 年,在我国科技型中小企业区域分布中,江苏省中小企业占比最大,占全国中小企业数量的 14.5%,其次是山东省,占比为 12.1%,依次是浙江省,占比 10.8%,广东省占比 10.1%,河南省占比 5.9%,辽宁省占比 4.9%,安徽省占比 4.4%,湖北省占比 4.2%,其他省份占比均在 4%以下,累计占比为 33.1%。

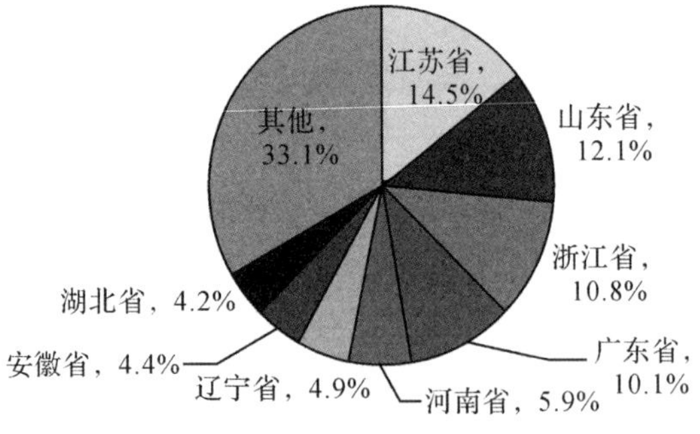

图 2-2 2013 年我国科技型中小企业区域分布

(数据来源:中商顾问)

在2013年我国科技型中小企业行业分布中，非金属矿物制品业占全国科技型中小企业数量的比重最大，为13.2%；其次是化学原料和化学制品制造业，占比为10.0%；依次是农副食品加工业和通用设备制造业分别占比9.8%和9.7%；电气机械站器材制造业占比为9.0%；纺织业占比为8.8%；专用设备制造业，塑料制品业，计算机、通信和其他电子设备制造业，汽车制造业的占比分别在4.9%—6.6%之间，而其他行业占比较少，累计占比为17.2%。

表2-3　2013年我国科技型中小企业行业分布

行业	中小企业数量(家)	占比
非金属矿物制品业	29294	13.2%
化学原料和化学制品制造业	22293	10.0%
农副食品加工业	21743	9.8%
通用设备制造业	21611	9.7%
电气机械和器材制造业	20016	9.0%
纺织业	19669	8.8%
专用设备制造业	14707	6.6%
塑料制品业	13186	5.9%
计算机、通信和其他电子设备制造业	11228	5.0%
汽车制造业	10874	4.9%
食品制造业	7100	3.2%
医药制造业	6153	2.8%
有色金属冶炼和压延加工业	5477	2.5%
铁路、船舶、航空航天和其他运输设备制造业	4389	2.0%
工艺美术品制造业	3762	1.7%
仪器仪表制造业	3676	1.7%
橡胶制品业	2818	1.3%
石油加工、炼焦和核燃料加工业	1728	0.8%

续 表

行业	中小企业数量(家)	占比
化学纤维制造业	1543	0.7%
废弃资源综合利用业	1168	0.5%
合计	222435	100.0%

(数据来源:中商顾问)

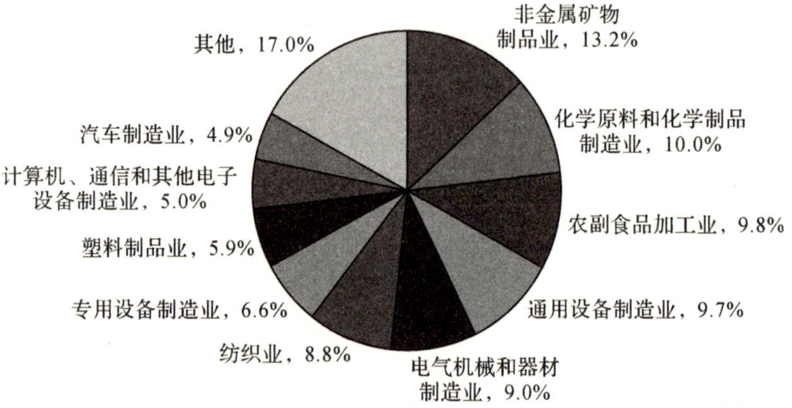

图 2-3　2013 年我国科技型中小企业行业分布

(数据来源:中商顾问)

第二节　浙江省科技型中小企业概况

1. 浙江省对科技型中小企业的界定

浙江省科学技术厅依据《浙江省科学技术进步条例》、《关于修改〈浙江省科学技术进步条例〉的决定》(修正案)、《浙江省促进科技成果转化条例》、《关于进一步加快民营科技企业发展的若干意见》等地方政策法规对科技型中小企业认定提出如下确认条件:

(1)必须从事符合国家产业政策、技术政策,知识产权明晰,具有一定技术含量和技术创新性产品的研究、开发、生产和经营业务的企业。单纯的商业经营性企业除外。

(2)必须依法在本省登记注册,产权明晰,实行独立核算、自主经营、自负盈亏的经济实体;有规范健全的生产、技术、质量、财务管理制度。

(3)有一年以上企业营运期,企业经营状况良好。

(4)企业经营者应熟悉本企业产品研究、开发、生产和经营,并重视科技创新。

(5)企业具备较强的技术创新能力,在职从业人员原则上不超过 500 人,其中科技人员占职工总数的比例要达到 20%以上,企业的技术开发经费占销售收入的比例要达到 3%以上。

(6)企业的专利产品、市级以上新产品的销售收入和技术性服务收入之和占全企业销售总额的 50%以上。

技术性收入是指企业的技术咨询、技术转让、技术入股、技术服务、技术培训、技术工程设计承包、技术出口、引进技术消化吸收及中试产品销售等技术贸易收入。

(7)企业在研究、开发、生产过程中,有良好的防治环境污染的措施和设备,"三废"排放符合国家规定的标准。

2.浙江省科技型中小企业的数量分布

2013 年,浙江省科技型中小企业数量为 23985 家,其中宁波市和杭州市科技型中小企业数量较多,分别占浙江省的 19.6%和 16.3%,合计共占全省科技型中小企业数量的 35.9%。

表 2-4　2013 年浙江省各区市科技型中小企业数量

区　域	科技型中小企业数量(家)
宁波市	4694
杭州市	3919

续 表

区 域	科技型中小企业数量(家)
嘉兴市	2683
绍兴市	2628
温州市	2595
台州市	2533
金华市	1870
湖州市	1563
丽水市	614
衢州市	595
舟山市	291
合 计	23985

(数据来源:中商顾问、国家统计局)

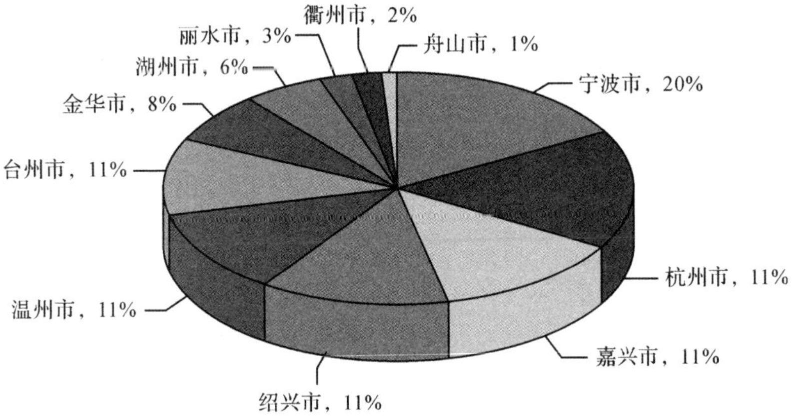

图 2-4 2013 年浙江省各区市科技型中小企业数量比例

3. 浙江省科技型中小企业的规模分布

在 2013 年浙江省科技型中小企业规模分布图中，小型企业占比较大，占全省科技型中小企业数量的 87%，而中型企业数量仅占比 13%。

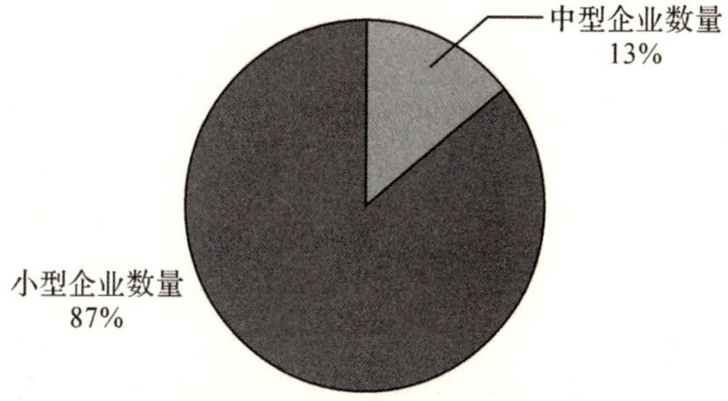

图 2-5　2013 年浙江省科技型中小企业规模分布

（数据来源：中商顾问）

4. 浙江省科技型中小企业的行业分布

在 2013 年浙江省科技型中小企业行业分布中，纺织业所占比重最大，为 18.1%，其次是通用设备制造业，占比 14.2%，电气机械和器材制造业占比 14.1%，塑料制品业占比 7.7%，化学原料和化学制品制造业、汽车制造业、专用设备制造业、非金属矿物制品业占比分别在 5.9%—5.7%之间，而其他行业占比较少，累计占比为 22.6%。

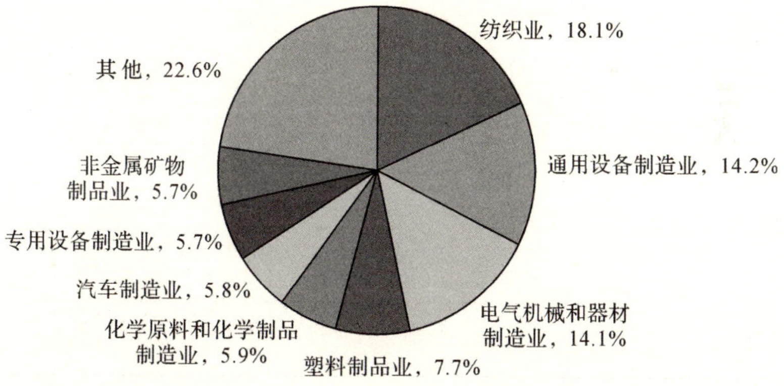

图 2-6　2013 年浙江省科技型中小企业行业分布

（数据来源：中商顾问）

第三节　浙江省科技型中小企业的融资结构

1. 浙江省科技型中小企业的融资类型

企业资金来源内外有别，根据融资方式可分为内源性融资和外源性融资。而根据资金筹集过程中金融中介的作用不同，外源性融资又可分为直接融资、间接融资和政策性融资，见图 2-7。

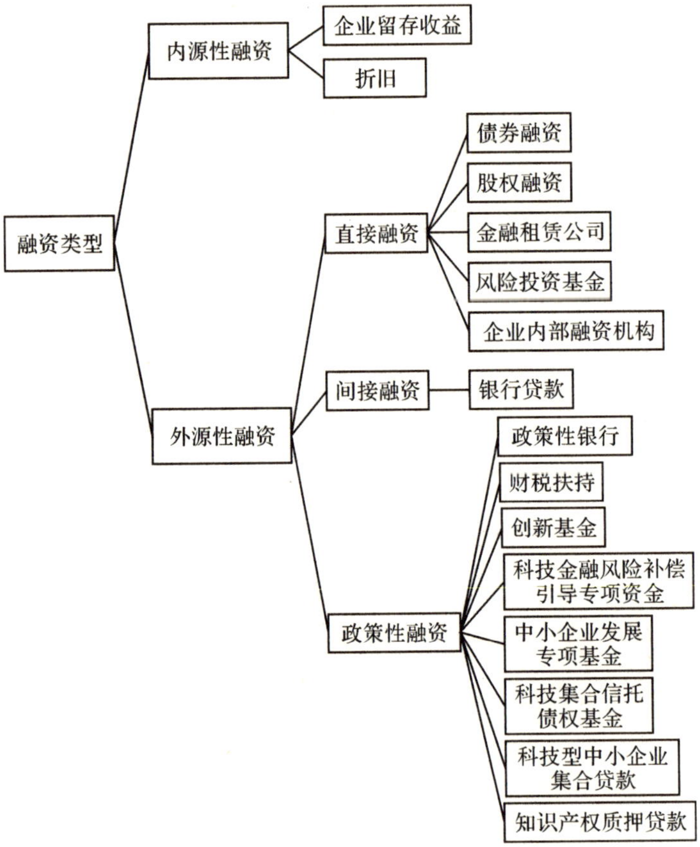

图 2-7　浙江省科技型中小企业融资类型

（资料来源：中商顾问）

浙江省是我国经济飞速发展的重要地区,科技型中小企业众多,相比较于其他省份,金融环境较好,对科技型中小企业来说,融资环境有利,但是融资结构总体和全国相差不大。总体来看,浙江省科技型中小企业融资首选方式以内源融资为主,但是由于内源融资金额有限,因此融资主要是依靠外源融资,其中外源融资中的间接融资是主要的融资类型,主要体现为银行贷款,这也是科技型中小企业融资资金来源的最主要方式。直接融资贡献很小,主要的表现类型有债券融资和股权融资,其中各种风险投资也成为科技型中小企业的融资渠道,此外,由于近几年来科技型中小企业发展形势良好,国家出台的各种政策性融资,比如各种创新基金,也成为中小企业的重要融资渠道。

2.浙江省科技型中小企业的直接融资与间接融资比例

过去,间接融资渠道是浙江省中小企业筹集资金的主要途径,近几年来,浙江省科技型中小企业直接融资比重也在稳步上升。但是相比较国外发达国家直接融资比例过半的情况来说,浙江省科技型中小企业融资渠道比较单一,直接融资比重过低。

由图 2-8 可知,浙江省科技型中小企业直接融资占比由 2009 年的 12%上升到了 2013 年的 22%,复合增长率为 16%。2014 年上半年,浙江省企业在银行间债券市场发行债务融资工具规模进一步扩大,成为优化融资结构、提升全省直接融资比重的主要力量,全省共计发行债务融资工具 769.4 亿元,比上年同期多增 152 亿元,同比增长 25%。截至 2014 年 6 月末,浙江省直接融资比重达 25.9%,同比提升了 3.8 个百分点;企业债务融资工具占直接融资总量的 63.54%,同比提升了 3.3 个百分点。[①] 债务融资工具发行保持较快增长势头,已成为企业直接融资的重要渠道,有利于吸收全国资金加大对浙江的支持。主要是由于一方面经济发展带动相关的风险投资和创新基金的融资模式的兴起,

① http://www.pbc.gov.cn/publish/goutongjiaoliu/2956/2014/20140804171139852216018/20140804171139852216018_.html.

直接融资的渠道更广阔，相比较来说，对科技型中小企业，这种新型的融资模式会是未来的发展方向；另一方面直接融资市场越来越成熟，相关的政策越来越完善，对科技型中小企业直接融资也是一个很大的促进作用。

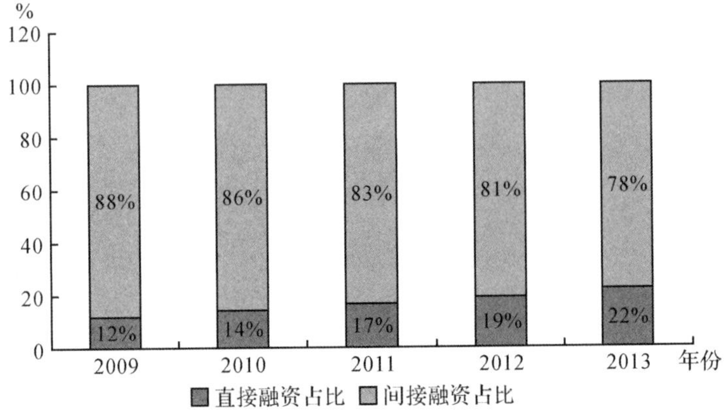

图 2-8　2009—2013 年浙江省科技型中小企业直接融资和间接融资比例

（数据来源：中商顾问）

3. 浙江省科技型中小企业的债券融资总量及其占比

科技型中小企业处在成长阶段的时候，一般规模不大，企业的规模和相关的营业数据很难达到国家规定的发行债券的标准，直接融资在企业的融资结构中所占的比例很少，直接融资中的债券融资所占的比例更少。近几年来浙江出现了中小企业债券融资的新类型，分别是在 2007 年的集合债、2009 年的集合票据、2012 年的私募债，因此浙江省的中小企业债券融资市场正处在发展阶段，最近几年的债券融资量呈现出增长趋势，如图 2-9 所示。

由图 2-9 可以看出，在 2012 年浙江省科技型中小企业债券融资规模为 42.07 亿元时，债券融资类型主要为私募债和集合票据。2013 年债券融资规模为 49.52 亿元，其中私募债占债券融资总额的 94%。在 2014 年上半年债券市场发行量有所下降，发行量为 18.58 亿元，截至 2014 年上半年，浙江省科技型中小企业无集合票据发行。

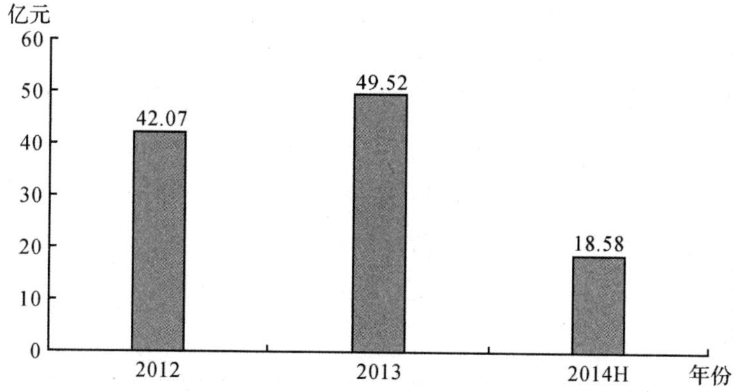

图 2-9　2012—2014 年浙江省科技型中小企业债券融资规模

（数据来源：中商顾问）

浙江省科技型中小企业的债券融资市场现在还处在成长阶段，但是整体来看，债券市场在整体市场的比例呈现增长的趋势，从 2012 年的 5.6％增加到 2013 年的 6.3％，主要是浙江股权交易中心的成立促进了私募债的发行规模不断增长。2014 年上半年，浙江科技型中小企业债券融资的规模增长速度快于整体融资总额，占融资总额的 7.3％。

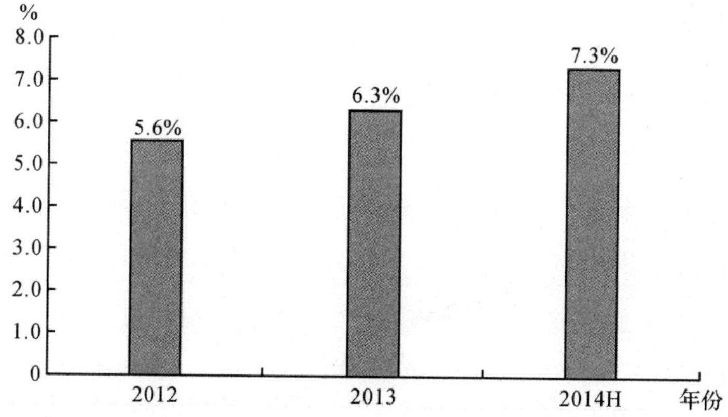

图 2-10　2012—2014 年浙江省科技型中小企业债券融资占比

（数据来源：中商顾问）

第四节　浙江省科技型中小企业现有融资模式评价

1.浙江省科技型中小企业的融资偏好

(1)内源融资和间接融资是最主要的融资方式。

浙江省科技型中小企业主要靠自身积累发展壮大,内源融资是企业稳定与发展必不可少的重要手段,并且是科技型中小企业融资的首选方式,然而由于内源融资的金额有限,中小企业大部分融资金额依赖银行等金融机构的间接融资。

对于科技型中小企业来说,无论是初创时期还是发展阶段,都过于依赖自我融资渠道。近几年来内源融资比例有所降低但比重依然过高,内源融资仍是浙江科技型中小企业融资的主要手段。一般来说,科技型中小企业普遍处于创业初期,企业规模小,经营不稳,加上其本身往往存在着一些先天的不足,从金融机构等渠道获取外部融资较困难,因此依赖内源融资是一种现实的选择。而从长期发展的角度来看,随着企业规模、实力的不断壮大和资金需求量的不断增加,外源债务性融资逐渐成为一种重要的融资形式。

外源融资中的直接融资比例较小,股权融资、债券融资难度很大。浙江科技型中小企业由于自身实力弱、规模比较小等原因,缺少在资本市场直接融资的途径。对浙江大多数中小企业来说,很难达到上市发行股票的门槛。我国债券品种结构严重失衡,国债和金融债所占的比例较高,企业债发行比例偏低,再加上国家对企业发行债券的门槛要求过高,对于缺乏实力的众多浙江中小企业来说,很难通过发行债券来融资。

总体而言,浙江省科技型中小企业的自我积累、自我发展的能力仍然较弱,内源融资是中小企业的首选渠道,但是间接融资对中小企业的发展有关键性的作用,也是现在中小企业融资的重要渠道。

(2)银行贷款是首要来源但难以满足需求。

科技型中小企业正处在发展扩张的关键时期,由于依靠内源融资的金额有限,因此对金融服务特别是贷款的需求是相当强烈的。调查显示,浙江省科技型中小企业的发展离不开银行等金融机构的支持,但是金融机构对浙江省中小企业的支持并不理想。据调查,浙江有七成以上的科技型中小企业存在资金不足的问题,有八成以上的企业需要再融资[①],而这些中小企业对融资方式的选择主要是银行贷款。尤其是在经济发达的金华、绍兴、台州、温州四个地区的中小企业资金需求情况显示有六成的企业需要从银行贷款,但是在银行贷款的满意度上只有不到两成中小企业认为从银行获得贷款较容易,大部分中小企业贷款需求没有得到满足,贷款难成了制约中小企业发展的“瓶颈”。

(3)民间借贷日益重要但风险偏高。

有一部分科技型中小企业无法通过正规的金融机构贷款,因此只好舍弃融资效率较高的银行贷款转而求助融资效率较低的民间借贷。据调查,在科技型中小企业获得外部资金的各种渠道中,有部分企业表示曾利用民间借贷,在经济发达的温州、台州这一现象尤为严重。据调查,企业规模越小,民间借贷的比例越高,企业风险越大。这对本身在融资方面就处于弱势的浙江省科技型中小企业影响较大,很多企业贷不到款,资金链断裂,造成经营困难,甚至倒闭。同时,民间融资多以半公开、半地下的方式运行,信息不透明,潜在的金融风险,经济纠纷甚至犯罪行为时有发生,是一种非正式的融资渠道,但是对部分中小企业来说是一种重要的融资渠道。

(4)风险投资和创新基金等新型融资模式兴起。

近年来,风险投资为科技型中小企业的发展提供强有力的资金支持和智力支持。目前发达国家风险投资的筹集渠道和退出渠道都很广泛,而且在风险防

① 金迎春:《浙江中小企业融资途径现状、成因及解决方案》,《经营管理者》2009 年第 9 期。

范和经营管理方面也很科学，对促进高新技术产业的发展发挥了极大的作用。各种风险投资和创新基金也成了浙江省科技型中小企业的融资渠道，但是由于现在整体运作还不成熟，随着经济的发展，这一类新型的融资方式会越来越成为科技型中小企业主要融资方式。

2. 浙江省科技型中小企业不同生命周期的融资偏好

科技型中小企业在不同的发展阶段其资金的主要来源有所不同，科技型中小企业可以选择的融资方式如图 2-11 所示。

从图 2-11 可以看出，在种子期内源融资能够满足相当一部分资金需求，这对于科技型中小企业的起步阶段是必不可少的，但是种子期的资金需求变化比较大，此时亲朋好友的资金援助就更显得重要。一般地，处于种子期的科技型中小企业尚无商业价值，且投资风险较大，投资责任主要应由政府承担，各种政策性融资比如浙江省中小企业创新基金和担保风险基金等可以满足一部分科技型中小企业的融资需求。

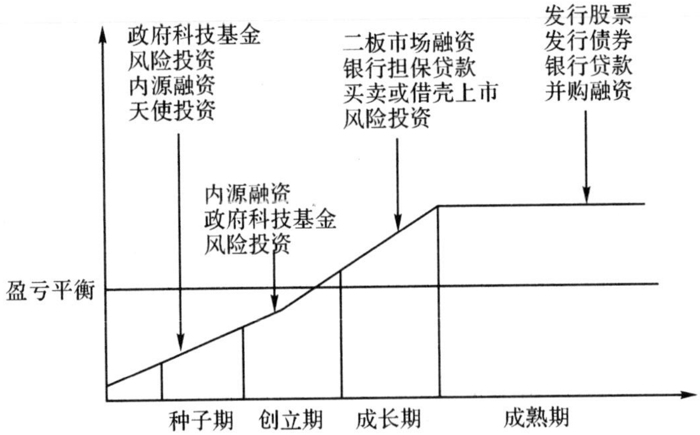

图 2-11 浙江省科技型中小企业不同生命周期融资分布

（资料来源：中商顾问）

创立期，在科技型中小企业的资金来源中，企业创业者利用个人的积累和个人财产为抵押从银行获得资金所占的比例比较高，另外也从亲戚朋友那里获得短期的借贷资金。由于研发技术的逐步成熟,增加了产品商业化和产业化的可能性,会引起一批喜欢高风险的风险投资家的关注,风险投资在该阶段的投资比例也会有所增加。因此创业期的成本最小化融资方式应该以风险投资为主,争取风险资金的第一阶段的投资;也可以申请政府的科技型中小企业技术创新基金,申请方式以贴息贷款为主,无偿资助为辅;还可以到国家政策性银行中小企业发展部门进行一定的有担保的信贷融资。

在成长期的融资方式就有了显著的变化,衍生出来几种新型的融资模式。首先企业发展到一定规模,具备相关的股票融资条件,特别是二板市场明确定位是为具有高成长性的中小企业和科技型企业融资服务,是科技型中小企业的直接融资渠道。其次由于处在这一阶段的科技型中小企业想获得银行信用贷款比较困难,但可通过银行担保贷款方式融资。再次,还可以通过买壳或借壳上市融资,通过收购一些业绩较差、筹资能力弱化的上市公司,剥离被购公司资产,注入自己的资产,从而实现间接上市筹措资金的目的。最后可以通过风险投资来实现融资。因为在这一阶段,科技型中小企业的产品占有了一定的市场,市场前景比较明朗,并有了一定的经营业绩,可以积极与风险投资者合作,吸引风险资本的介入。

步入成熟期后,企业已经具备了相当雄厚的实力,能够较容易地利用和控制各种资源,企业已经不再为筹集不到资金而发愁。一般来说,在成熟期,科技型中小企业的融资方式主要有以下几种:

第一,向银行等金融机构贷款。进入成熟阶段,科技型中小企业的产品和技术日益成熟,目标市场明确,管理也走上规范的道路,经营业绩也有显著的提高,各种风险大幅度下降。由于企业规模、资产结构、企业信用的变化,企业拥有足够的业绩来证明自己的信用,此时由于银行贷款风险下降,以规避风险为原则的商业银行等金融机构愿意向科技型中小企业提供贷款,银行会与企业建立稳定的合作关系,成为企业融资的稳定来源。

第二,资本市场股票融资。进入成熟阶段,由于企业融资环境得到改善,企业融资的空间很大，上市条件已经成熟，国内外创业板市场(甚至主板市场)进入可操作阶段。因此，上市融资已成为这一阶段科技型中小企业的一种主要融资方式。

第三，企业并购。在成熟阶段，科技型中小企业通过并购方式不仅可以获得企业发展所需的资金，同时也为风险投资提供了一条有效的退出渠道。企业通过并购或收购，对资产进行重组，从而可以充分利用被兼并企业的资产，减少其他融资，从而实现间接上市。但这种融资方式涉及收购企业与被收购企业之间的技术、资产以及收购后的文化整合问题，是一个比较复杂的持续的整合过程，具有一定的风险性。

3. 主要融资模式的比较及评价

内源融资主要是公司的自有资金和在生产经营过程中的资金积累部分，而传统的外源融资则是通过银行贷款的间接融资和通过债券和股权等的直接融资，近几年又出现了创新的融资模式，比如风险投资、创新基金等，它们越来越受到科技型中小企业的欢迎和青睐。

表 2-5　浙江省科技型中小企业内源融资和外源融资对比

	内源融资	外源融资
资金来源不同	股东留存收益的一部分再投资或股东再投入	外部经济体的资金
资金特性不同	受内部制约程度高，自主程度较高，融资效率高	杠杆高，融资金额大，受外部经济体的制约程度高，资金投向有限制
交易费用和融资成本不同	筹资过程基于内部，很少筹资费用，不存在信息不对称问题及有关激励问题，交易费用低，融资成本低	筹资过程中信息不对称问题突出，与此有关的激励问题明显，大量交易费用导致融资成本相对较高
融资约束不同	内源融资金额及其增长，主要受制于企业的内部包括股东意向、企业当前盈利水平、留存收益规模等	外源融资渠道受外部制约较大，比如国家货币政策、资本市场成熟度、资金来源等

表 2-6　浙江省科技型中小企业外源融资模式对比

融资渠道	融资可得性
银行贷款	是目前科技型中小企业短期融资(一年以内)主要的外部融资渠道,但是仍然供不应求
债券市场	可解决中长期发展资金,但条件不一,多头监管机构,大部分科技型中小企业受限
主板市场	营收指标准入门槛高,符合其条件的科技型中小企业凤毛麟角
中小板市场	行业偏向明显,某些行业没有机会
创业板市场	对科技型中小企业特性要求高,行业地域偏好明显,不适合传统行业的科技型中小企业
风险投资	一部分科技型中小企业未来主要的融资渠道发展方向
民间借贷	法律地位模糊,资金成本昂贵,不能作为融资常态
创新基金	作为国家政策性融资,是政府专项基金,但是力度还是不够

由以上分析我们可以看出,科技型中小企业在发展过程中有许多融资方式可供其选择,既有传统融资方式,也有新兴融资方式,但每一种融资方式对科技型中小企业的适应程度不同,科技型中小企业在发展过程中应根据自身的实际情况来选择合适的融资方式。各类融资方式对科技型中小企业融资的适应程度见表 2-7。

表 2-7 各种融资模式与科技型中小企业的适合程度对比

融资方式分类						科技型中小企业适用程度（用 * 表示）
企业外源融资	股权融资	吸引投资者（私下募集）	政府投资	政府拨款		* * * * *
				资本金投入		* * *
				财政贴息		* * * * *
			基金投资	产业投资基金		* * * * *
				风险投资基金		* * * * *
			企业投资	国家投资公司		* * *
				私人投资公司		* * * * *
				海外投资公司		* * *
			种子基金			* * * * *
		股票融资（公开募集）	主板发行	国内	发行 A 股股票	* *
					发行 B 股股票	*
				国外	海外发行股票	*
			创业板发行		国内	* * * * *
					国外	* * * *
	债券融资		公募	普通债券		*
				可转换债券		* * *
			私募	企业集资		* * *
	信贷融资（银行贷款）	信用贷款	普通贷款			* * * *
			技术开发、改造贷款			* * *
		担保贷款	政府担保贷款			* * * * *
			其他担保贷款			* * * *
		抵押贷款（不动产、知识产权等）				* * * *
		出口信贷、融资租赁等				* * *
	民间借贷（非正式融资）					* * *

（资料来源：中商顾问）

注：* * * * * 表示非常适合；* * * * 表示非常适合，但融资操作有限制性因素；* * * 表示适合，但融资操作限制性因素较大；* * 表示有较小的现实融资操作可能性；* 表示基本无现实可操作性。

4. 对融资创新模式的评价

众筹是近年来借助互联网兴起的一种创新融资模式，有助于科技型中小企业获取创业资金和企业发展扩充的资金。众筹是指通常在互联网的帮助下，众多个人将他们的资金汇集起来，共同支持他人或其他机构发起的项目或业务。通过众筹，一部分科技型中小企业可以募集社会网络资金，它是基于互联网平台的一种创新的融资模式。

2014 年 5 月，浙江股权交易中心旗下的“浙里投”互联网平台正式上线[①]。“浙里投”平台目前拥有支持中小微创新型企业的股权众筹板块，支持中小企业、小微金融的固定收益类产品发售板块，以及产品转让专区等三大板块。股权众筹是解决中小企业，特别是科技和文化创意领域的创业型企业融资难问题的新型有效途径之一；同时，也为普通投资者提供了一种投资门槛较低的全新投资渠道。在“浙里投”平台发起的股权众筹项目，将获得从项目展示预热、资金募集、登记备案，到信息持续披露等全方位服务。浙交中心通过独创的推荐人制度和内部评审流程，对每一个备案的项目都将进行严格的质量把控，更大程度上保障了投资者的利益。固定收益类板块，主要为投资者提供不同投资期限、不同风险收益的各类债权及权益类产品，可以满足投资者不同的投资理财需求。在该平台上销售的产品，一般会提供较强的内外部增信措施，有效降低投资者的投资风险，给投资者带来相对稳定的投资收益。转让专区的设立，是为了解决投资者的资金流动性需求。在条件允许的情况下，投资者认购的固定收益类产品可在“浙里投”平台上进行转让。

P2P 平台(Peer-to-Peer Platform)，即在线个人对个人的网络平台，通过 P2P 平台融资，可以形成网络与金融相互渗透的全新模式。P2P 平台不依赖于服务器，而是依赖于网络参与者单机计算能力，实现互联网直接交互的点对点技术向金融领域的延伸，摒弃了高准入、高成本的传统银行信贷体系，通过低门槛、

---

① http://www.zjnpse.com/view/news.php?func=detail&detailid=1702&catalog=100301.

低成本的互联网信息及交易平台，实现个体借款需求及投资需求的有效对接。P2P 在融资和信贷领域所实践的，是全方位为社会所有阶层及群体特别是低端客户服务的普惠金融理念，对于处于企业早期发展的科技型中小企业来说是一种全新的尝试。

表 2-8　众筹和 P2P 模式对比

	优势	劣势
众筹模式	➢ 众筹在种子期就可以为初创企业家和小型创业者在高度创新的产品和服务领域分散风险。它可以作为政府扶持资金、天使投资和银行贷款的补充，使创业者扩大业务，进而吸引早期风险投资资金	➢ 欺诈：出资人通过众筹平台的资助有可能落入骗局 ➢ 定价：创业者在众筹活动开始前确定商业价值，这可能会导致价值的低估或高估，给出资人造成很大问题，因为知识产权、市场规模等因素很难估算或量化 ➢ 数据、分析和风险防控：开放性是众筹的主要障碍之一，因为个体出资人通常没有接受过正规培训，可能不具备金融风险评估能力
P2P 模式	➢ 准入门槛低、可得性高。中小企业和低收入个人基本是被排除在银行信贷的视野之外的 ➢ 利率优化。省去银行昂贵的运营成本，P2P 平台贷款借款人的借贷成本远低于银行贷款利率，同时出借方的投资回报高于银行储蓄利率 ➢ 简便快捷。以标准化互联网流程代替传统银行的审批流程，借款人所需资金能更快到位 ➢ 支持创新 ➢ 金融资源配置效率大幅提高。P2P 平台践行的则是“长尾理论”，以充分的信息及竞争的定价实现金融资源的自主、最优配置	➢ 资金风险。即便是在处于发展前沿的英国和美国，平台资金都不受法律保护，损失完全由投资者自行承担 ➢ 坏账风险。P2P 平台面向的是信用评分较低的低端客户，规则一旦失衡，出于市场竞争考虑尽量降低信用门槛，引发新的“次贷危机”

第三章
浙江省科技型中小企业债券融资现状

我们从调研等渠道获得了科技型中小企业债券融资的相关数据，虽然数据还不够全面，但已能够判断我国和浙江省的科技型中小企业债券市场容量及结构。对目前浙江省科技型中小企业债券融资的主要模式、主要承销机构等方面进行了分析，并对现有的中小企业债券融资创新模式做出评价。

第一节　债券市场资金容量及结构

1. 我国债券市场资金容量及结构

(1)2011—2014年上半年中国债券市场发展规模。

近几年，中国债券市场发展规模不断扩大，2013年，债券市场共发行各类债券(含央票)8.70万亿元，较上年增加0.12万亿元，同比增长1.48%。2014年上半年，中国债券市场累计共发行各类债券5.53万亿元，较上年同期增长31.99%。

(2)2013—2014年上半年中国债券市场资金结构。

2013年，债券市场共发行各类债券(含央票)87016.27亿元，较上年增加1264.93亿元，同比增长1.48%。其中在中央结算公司登记新发债券1150只，

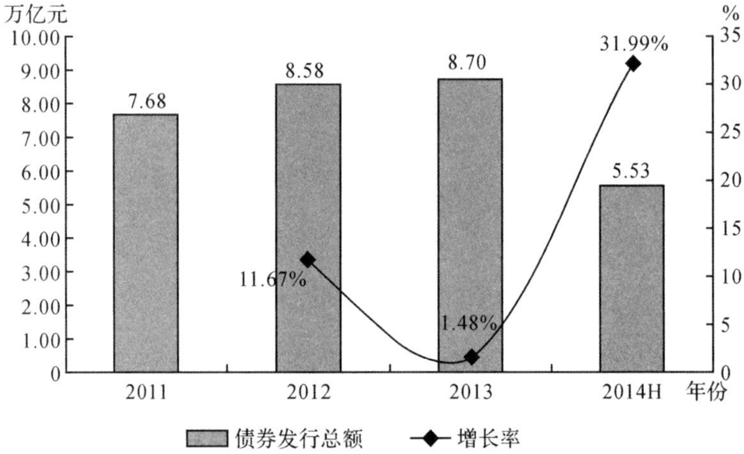

图 3-1　2011—2014 年上半年中国债券市场发展规模

（数据来源：中商顾问、中国债券信息网）

发行量共计 56453.94 亿元，占债券市场发行总量的 64.88%；上海清算所登记新发债券 2000 只，发行量共计 27845.02 亿元，占债券市场发行总量的 32%；中证登发行公司债和中小企业私募债共计 331 只，发行量 2717.30 亿元，占债券市场发行总量的 3.12%。

表 3-1　2013 年债券市场发行情况

	发行量(亿元)	发行只数
全市场	87016.27	3481
中央结算公司登记托管的债券	56453.94	1150
上海清算所登记托管的债券	27845.02	2000
中证登登记托管的债券	2717.3	331

（数据来源：中商顾问、中国债券信息网、上海清算所网站和万得资讯）

从 2013 年中国债券市场各券种发行的结构来看，发行量较大的债券有：政策性银行债占比最大，达 22.9%，其次是政府债券，占比为 21.9%(其中，记账式国债占比为 15.4%，储蓄国债占 2.5%，地方政府债占比 4.0%)，然后依次是短

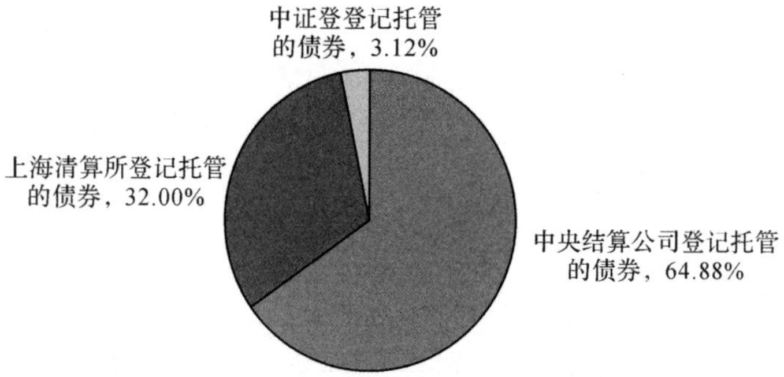

图 3-2　2013 年债券市场各托管机构登记发行债券占比

（数据来源：中商顾问、中国债券信息网、上海清算所网站和万得资讯）

期融资券，发行量占比 9.6%，超短期融资券占比 8.7%，中期票据占比 7.7%，非公开定向债务融资工具占比 6.5%，企业债券占比 5.5%。

表 3-2　2013 年中国债券市场各券种累计发行量

债券种类	发行总额(亿元)	占比
记账式国债	13374.4	15.4%
储蓄国债(电子式)	2167.8	2.5%
地方政府债	3500.1	4.0%
政策性银行债	19960.3	22.9%
政府支持机构债	1501.7	1.7%
商业银行债券	1117.0	1.3%
非银行金融机构债券	186.3	0.2%
企业债券	4752.3	5.5%
公司债	4081.4	4.7%
资产支持证券	107.3	0.1%
中期票据	6716.0	7.7%
集合票据	66.1	0.1%
短期融资券	8324.4	9.6%

续 表

债券种类	发行总额(亿元)	占比
超短期融资券	7535.0	8.7%
非公开定向债务融资工具	5668.1	6.5%
其他债券(如非金融企业资产支持票据、资产管理公司金融债、可转债等)	7958.1	9.1%
合计	87016.3	100%

(数据来源:中商顾问、中国债券信息网)

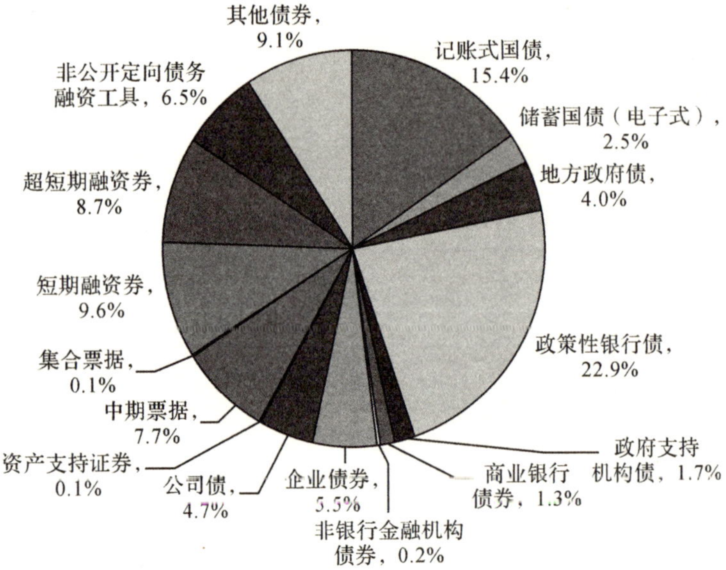

图 3-3 2013 年中国债券市场各券种累计发行量占比

(数据来源:中商顾问、中国债券信息网)

2014 年 1—6 月,债券市场共发行各类债券 5.53 万亿元,与上年同比增加 1.34 万亿元,同比增长 31.99%。其中在中央结算公司登记新发债券 747 只,发行量共计 29043.56 亿元,占债券市场发行总量的 52.5%;上海清算所登记新发债券 1954 只,发行量共计 24741.08 亿元,占债券市场发行总量的 44.72%。中证登登记新发债券共计 367 只,发行量 1537.02 亿元,占债券市场发行总量的 2.78%。

表 3-3　2014 年上半年债券市场发行情况

	发行量(亿元)	发行只数
全市场	55321.66	3068
中央结算公司登记托管的债券	29043.56	747
上海清算所登记托管的债券	24741.08	1954
中证登登记托管的债券	1537.02	367

(数据来源:中商顾问、中国债券信息网、上海清算所网站和中证登网站)

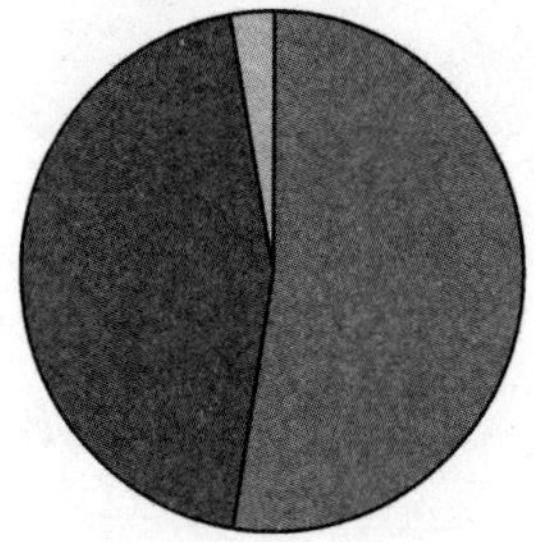

图 3-4　2014 年上半年债券市场各托管机构登记发行债券占比

(数据来源:中商顾问、中国债券信息网、上海清算所网站和中证登网站)

从 2014 年 1—6 月份全国债券市场新增债券的券种结构来看,发行量较大的债券有:政策性银行债占比最大,达 24.7%,其次是政府债券,占比为 14.4%(其中,记账式国债占比为 11.3%,储蓄国债占 1.0%,地方政府债占比 2.1%),短期融资券发行量占比 11.3%,非公开定向债务融资工具占比 10.3%,企业债券占比 10.3%,超短期融资券占比 9.3%,中期票据占比 8.2%,金融企业短期融资券占比 4.1%。

2.浙江省中小企业债券融资规模

2013 年浙江省中小企业债券融资规模达 49.52 亿元,其中,中小企业私募债融资规模为 46.62 亿元,中小企业集合票据融资规模为 2.9 亿元。2014 年上半年,浙江省中小企业债券融资规模达 18.577 亿元,中小企业集合票据尚无发行。

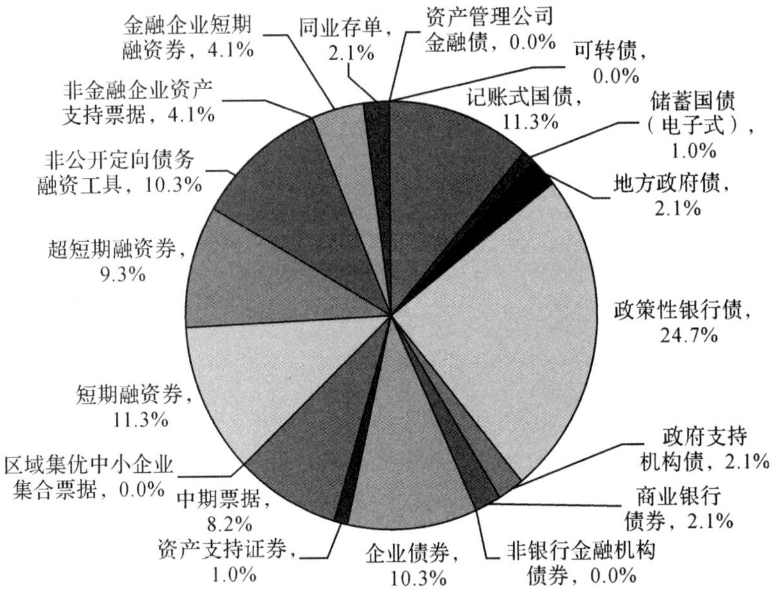

图 3-5　2014 年上半年我国债券市场各券种累计发行量占比

（数据来源：中商顾问、中国债券信息网）

表 3-4　2013—2014 年上半年浙江省中小企业债券融资规模

单位：亿元

年份	中小企业私募债	中小企业集合票据	合计
2013	46.62	2.9	49.52
2014(1—6 月)	18.577	无	18.577

（数据来源：中商顾问）

2013 年参与债券融资发行的中小企业达 45 家，其中 22 家为科技型企业，占参与发行企业总数的 48.9%。截至 2014 年上半年，浙江省参与债券融资发行的企业数量仅 16 家，其中 5 家为科技型企业，占发行企业数量的 31.3%。

表 3-5　2013—2014 年上半年浙江省参与债券融资的科技型中小企业占比

年份	参与发行企业总数	参与发行的科技型中小企业数量	科技型企业占比
2013	45	22	48.9%
2014(1—6 月)	16	5	31.3%

(数据来源:中商顾问)

第二节　科技型中小企业债券融资主要现状

1. 中小企业集合债审批难、担保难导致裹足不前

(1)我国中小企业集合债券发行情况。

目前我国规模以上的中小企业大约有 1100 万家,其中具备发行集合债或集合票据条件的企业占到 20%,即 200 多万家企业。

2012 年度我国中小企业集合债券共发行 4 只,总计募集资金 9.81 亿元人民币。2013 年度中小企业集合债券仅成功发行 1 只,总计募集资金 4 亿元人民币。

2014 年 1—7 月,我国仅发行 1 只,此期集合债券发行金额 2.58 亿元,期限 6 年,票面利率 9.5%,由鹏元资信评估有限公司评定为 AA+级别信用债券,由邯郸市城市建设投资有限公司承担无限连带责任。

2012—2014 年上半年,我国中小企业集合债发行规模呈下降趋势,2013 年发行规模为 4 亿元,仅为上年的 40.8%,2014 年上半年尚无发行,截至 7 月,仅发行 1 只,发行规模为 2.58 亿元。

2012 年,我国中小企业集合债首度暴露信用风险事件。作为 2010 年中关村高新技术中小企业集合债券发行人之一,北京地杰通信设备股份有限公司经营状况恶化,多笔贷款出现逾期,银行账户遭查封,自主偿还全部债务能力较低。

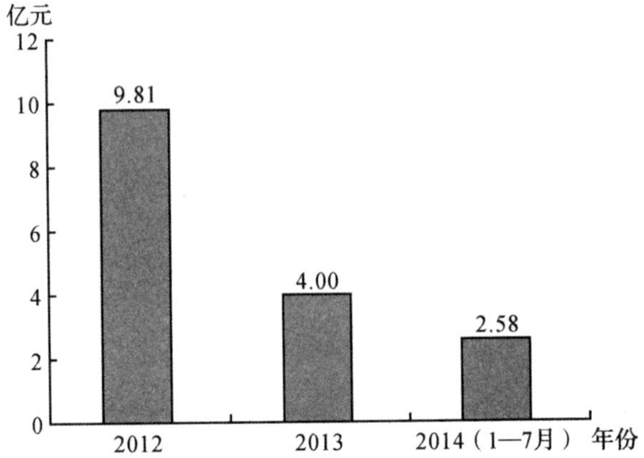

图 3-6　2012—2014 年(1—7 月)我国中小企业集合债发行规模

（数据来源：中商顾问、中国货币网）

由于有担保公司担保，该期中小企业集合债券的偿还本息暂时无忧，因此对市场的实质影响有限，但对投资者心理影响不容小觑。该事件至少释放了一个信号，表明在 2014 年经济增速下滑预期加大的背景下，中小企业现金流出现紧张的概率加大，信用风险事件将逐步暴露，这使中小企业集合债的发行受到严重影响。

表 3-6　2012—2014 年(1—7 月)我国中小企业集合债券发行情况

名称	发行时间	发行金额（亿元）	债券联合发行人	发行企业数	其中高科企业
12 芜中小债	2012-7-19	4.1	芜湖市安得物流等 7 家芜湖市国家高新技术中小企业	7	7
12 扬州中小债	2012-8-2	2.18	江苏柏泰集团有限公司、江苏浩明光电科技股份有限公司、江苏荣能集团股份有限公司、江苏双兔食品股份有限公司、扬州五亭桥缸套有限公司	5	4
12 合肥中小债	2012-9-6	1.75	合肥久易农业开发有限公司、合肥金工轴承有限公司、绿宝电缆（集团）有限公司、安徽省福文新能源有限公司	4	4

续　表

名称	发行时间	发行金额（亿元）	债券联合发行人	发行企业数	其中高科企业
12 石开中小债	2012-12-13	1.78	河北亚诺化工有限公司 BBB-级、石家庄华能电力金具有限公司 BBB 级、河北东安精工股份有限公司 BBB-级、河北智同医药控股集团有限公司 BBB 级、石家庄合佳保健品有限公司	5	5
13 云中小债	2013-4-22	4	昆明积大制药股份有限公司、云南维和药业股份有限公司、云南锦苑花卉产业股份有限公司、昆明川金诺化工股份有限公司、云南天浩稀贵金属股份有限公司、昆明普尔顿环保科技股份有限公司	6	6
14 邯郸中小债	2014-7-22	2.58	河北康远清真食品有限公司、邯郸市恒生内燃机配件有限公司、河北荣珍食用菌股份有限公司、河北福德化工科技有限公司、河北信德电力配件有限公司、河北银河轴承有限公司、邯郸市名福植物油有限责任公司	7	4

（数据来源：中商顾问、中国货币网）

2012 年我国共发行 4 只中小企业集合债，参与企业达 21 家，其中科技型中小企业为 20 家，占发行企业总数量的 95.2%。

2013 年，我国仅发行了 1 只中小企业集合债，参与企业 5 家，均为科技型企业。

表 3-7　2012—2014 年上半年我国中小企业集合债发行情况

年份	参与发行企业数	其中科技型中小企业数量	科技型中小企业占比
2012	21	20	95.2%
2013	5	5	100.0%
2014(1—6)	无	无	无

（数据来源：中商顾问、中国货币网）

(2)浙江省中小企业集合债发行情况。

从2007年至2014年上半年,浙江省尚无中小企业集合债发行。虽然浙江等地都在筹备发行中小企业集合债,但集合债存在的不足导致长期"引而不发"[①]。

审批难是集合债发行工作中的最大难题。由于集合债涉及企业数量较多,需经主管部门审批,同时报央行、证监会等备案,手续与程序复杂,使得中小企业发行准备时间过长,并存在不确定性。

担保难是当前遇到的另一大困难。由于中小企业集合债的投资者主要是保险公司、商业银行等金融机构,这些机构投资者对债券的信用评级要求在AA级以上。仅凭中小企业本身难以达标,基本不可能直接发债。

2. 中小企业集合票据信用风险频发导致发行量下降

(1)我国中小企业集合票据发行情况。

2012年至2014年上半年,我国中小企业集合票据发行规模呈下降趋势。2013年,共发行中小企业集合票据30只,较上年减少16只,降幅达34.8%,发行中小企业集合票据为60.39亿元,较上年减少45.63亿元,降幅达43.0%。

2013年上半年我国共发行中小企业集合票据22只,发行规模达48.6亿元。2014年上半年,我国共发行集合票据3只,发行规模为4.3亿元,与上年同期相比,中小企业集合票据发行规模大幅下滑。

2013年,我国共有83家中小企业联合发行了中小企业集合票据,其中科技型中小企业达64家,占全国中小企业发行数量的77.1%。2014年上半年,我国发行中小企业集合票据的企业仅6家,其中科技型中小企业为4家,占比66.7%。

---

① http://news.xinhuanet.com/fortune/2010-03/17/content_13184786.htm.

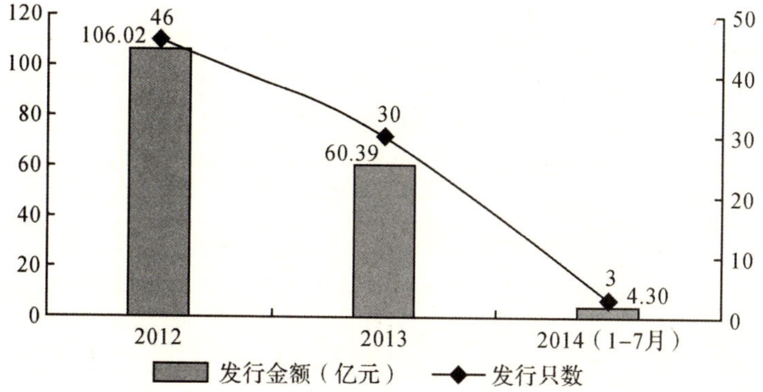

图 3-7　2012—2014 年上半年我国中小企业集合票据发行统计

（数据来源：中商顾问、中国货币网）

表 3-8　2013—2014 年上半年我国中小企业集合票据发行情况

年份	参与发行企业数	其中科技型中小企业数量	科技型中小企业占比
2013	83	64	77.1%
2014(1—6 月)	6	4	66.7%

（数据来源：中商顾问、中国货币网）

(2)浙江省中小企业集合票据发行情况。

2012 年至 2013 年，浙江省共发行中小企业集合票据 9 只，截至 2014 年上半年，浙江省无中小企业集合票据的发行。

2012 年浙江省共发行 7 只中小企业集合票据，发行金额为 20.27 亿元。发行企业共有 15 家，其中科技型中小企业有 13 家，占发行企业数量的 86.7%。

表 3-9　2012—2013 年浙江省中小企业集合票据发行一览表

债券名称	发行总额（亿元）	发行日期	债券期限	联合发行人	主承销商
12 杭州 SMECN Ⅱ001	5	2012-12-24	3 年	杭州东方文化园旅业集团有限公司、浙江华欣新材料股份有限公司、浙江联达化纤有限公司	平安银行股份有限公司

续 表

债券名称	发行总额（亿元）	发行日期	债券期限	联合发行人	主承销商
12乐清SMECN1	1.7	2012-11-16	2年	慎江阀门有限公司、华仪电器集团有限公司	浙商银行股份有限公司
12诸暨SMECN1	3.2	2012-11-05	2年	浙江富润印染有限公司、浙江省诸暨申发轴瓦有限公司、浙江诸暨第一百货有限公司、黑猫神日化股份有限公司、千足珍珠集团股份有限公司	浙商银行股份有限公司
12台州SMECN1	0.87	2012-10-23	1年	浙江艾迪西流体控制股份有限公司、浙江中马汽车变速器股份有限公司	浙商银行股份有限公司
12慈溪SMECN1	2.375	2013-11-28	2年	上海四维尔投资集团有限公司、慈兴集团有限公司、赛亿电器集团有限公司	浙商银行股份有限公司
12慈溪SMECN2	0.125	2012-07-20	1年	上海四维尔投资集团有限公司、慈兴集团有限公司、赛亿电器集团有限公司	浙商银行股份有限公司
13义乌SMECN001	1	2012-07-20	1年	浙江伟海拉链有限公司、浙江伊美薄膜工业集团有限公司	浙商银行股份有限公司
12海宁SMECN1	7	2012-02-01	1年	海宁万盛沙发有限公司、吉恩仕控股有限公司、浙江阿波罗皮革制品有限公司、浙江宝峰热电有限公司、浙江富邦集团有限公司、浙江鸿翔建设集团有限公司、浙江钱江生物化学股份有限公司、浙江长海包装集团有限公司、浙江中海建设集团有限公司	中信银行股份有限公司
13杭州SMECNⅡ001	1.9	2013-04-16	2年	杭州东方文化园旅业集团有限公司、浙江华欣新材料股份有限公司和浙江联达化纤有限公司	中信银行股份有限公司

（数据来源：中商顾问、中国货币网）

2013 年浙江省共发行 2 只中小企业集合票据，发行金额为 2.9 亿元，发行企业共有 5 家，其中科技型中小企业有 3 家，占发行企业数量的 60%。

表 3-10　2012—2014 年上半年我国中小企业集合票据发行情况

年份	发行金额（亿元）	发行只数	参与发行企业总数	参与发行的科技型中小企业数量	科技型中小企业占比
2012	20.27	7	15	13	86.7%
2013	2.9	2	5	3	60%
2014（1—6 月）	无	无	无	无	无

（数据来源：中商顾问、中国货币网）

2013 年以来，中小企业集合票据发行规模下滑，主要原因有：首先是违约率太高，中小企业集合票据发行总量目前并不大，却已发生数次违约，毫无疑问中小企业集合票据的违约率是比较可怕的，甚至可以说是目前固定收益类市场中信用风险排第一的产品；其次是中小企业集合票据的发展已经有些变形，投资者已经只关注担保人的信用资质，而不是发行人本身，信用风险的完全转移造成产品存在的价值已经大打折扣；最后就是违约事件还未结束，后期信用风险频发的概率很高，毕竟小企业太容易受到经济波动的影响，特别是在发展中国家，小企业的生存就更加不稳定。①

3. 中小企业私募债风险与收益不匹配导致发行遇冷

中小企业私募债 2012 年 6 月开始发行，2014 年下半年是首批私募债到期的节点。由于出现多只私募债违约的消息，包括 11 超日债、12 津天联、12 金泰债、12 华斯特、13 中森债等，使得私募债发行遇冷。主要原因在于：其一是中小企业私募债属于高风险低信用债务，没有政府背书和风险兜底作为依托，因此具有一定的偿付风险；其二则是私募债的发行利率现下降趋势，没有体现高风险高

① http://www.21cbh.com/2012/shzjb_1023/510772.

收益的原理;其三是中小企业私募债的流动性差,变现困难,不如公司债和企业债。[①]

根据同花顺 iFinD 数据显示,截至 2014 年 7 月底,共发行了 469 只中小企业私募债,累计私募债规模为 572.56 亿元,其中已到期的中小企业私募债达 33 只,未到期私募债 436 只。在上交所发行的私募债为 248 只,深交所发行了 217 只,其余市场比如地方股权交易所发行了 4 只[②]。自 2014 年 3 月 28 日 13 中森债出现违约风险以来,私募债的发行速度明显放缓。特别是 7 月以来,超过 3 只以上的私募债出现了违约风险,这也给薄弱的私募债市场致命一击。

同花顺 iFinD 数据显示,已发行的中小企业私募债中,有 90%以上的票面收益率在 6%—12%之间。据海通证券统计,目前存续私募债发行利率平均值为 9.16%,在 8.5%—10%的区间内较为集中,约占存续债券总数的 71%,这个利率水平不占优势。目前信托项目的年化收益率基本都在 12%以上,而且信托基本由地方政府或者担保公司来进行担保,风险相比私募债要低,私募债的收益优势并不明显。然而,投资者冒如此大风险来购买私募债也并非看重私募债的收益,更为主要的是,私募债可以在一定期限后实行债转股。比如北京商报报道的已经出现实质违约的"12 金泰债"就有投资者转股选择权,部分"12 金泰债"投资者正是冲着转股而购买的此私募债。

(1)浙江省中小企业私募债发行情况。

2013 年浙江省中小企业私募债在沪深交易所共发行 44 只,发行规模较上年增加了 4.9 亿元,增长了 24.7%;2014 年上半年,浙江省中小企业私募债发行 5 只,发行规模为 10.25 亿元,较上年同期下降了 48.2%。

2013 年浙江省中小企业私募债在浙江股权交易中心共发行 19 只,发行规模为 22.25 亿元;2014 年上半年,浙江省中小企业私募债发行 12 只,发行规模

---

① http://money.163.com/14/0604/11/9TT2FLEN00253B0H.html.

② http://funds.hexun.com/2014-08-01/167178161.html.

为 8.327 亿元。

2013 年浙江省中小企业私募债总计发行 63 只，发行规模为 46.62 亿元；2014 年上半年，浙江省中小企业私募债共发行 17 只，发行规模为 18.577 亿元。

表 3-11　2013—2014 年上半年浙江省中小企业私募债发行情况

年份	沪深证券交易所		浙江股权交易中心		合计	
	发行规模（亿元）	发行只数	发行规模（亿元）	发行只数	发行规模（亿元）	发行只数
2013	24.37	44	22.25	19	46.62	63
2014（1—6 月）	10.25	5	8.327	12	18.577	17

（数据来源：中商顾问、Choice 数据、浙江股权交易中心）

(2)浙江省科技型中小企业私募债发行情况。

从浙江省科技型中小企业私募债发行企业数量来看，2013—2014 年上半年，科技型中小企业数量占总发行企业数量的 40%以上。2013 年，浙江省科技型中小企业发行私募债数量达 28 家，占比为 44.4%；2014 年上半年，浙江省科技型中小企业发行私募债数量达 7 家，占比为 41.2%。

表 3-12　2013—2014 年上半年浙江省科技型中小企业私募债发行情况

年份	沪深证券交易所		浙江股权交易中心		合计		
	发行企业数量	其中科技型企业	发行企业数量	其中科技型企业	发行企业数量	其中科技型企业	其中科技型企业占比
2013	44	24	19	4	63	28	44.4%
2014（1—6 月）	5	3	12	4	17	7	41.2%

（数据来源：中商顾问、Choice 数据、浙江股权交易中心）

第三节 浙江省内中小企业债券承销机构主要情况

1. 中新力合股份有限公司

2013年中新力合股份有限公司共承销私募债7只，发行规模达1.7亿元，2014年上半年中新力合股份有限公司共承销私募债5只，发行规模达1.55亿元。2013—2014年上半年中新力合承销的私募债均有增信措施。截至目前，发行企业均能按期付息，暂时无不良违约现象。

表3-13 2013年中新力合股份有限公司私募债承销统计

发行企业	发行规模（亿元）	发行期限	票面利率	承销商	增信措施
杭州深瑞水务有限公司	0.2	3年	10.70%	中新力合股份有限公司	大股东保证担保
舟山中昌海运有限责任公司	0.3	3年	10.50%	中新力合股份有限公司	控股股东保证担保＋实际控制人保证担保＋投资公司承诺函维持借款规模
浙江亘古电缆有限公司	0.3	3年	10.70%	中新力合股份有限公司	抵押＋实际控制人连带担保
浙江亘古电缆有限公司	0.2	3年	10.70%	中新力合股份有限公司	抵押＋实际控制人连带担保
杭州中科赛思节能设备有限公司	0.2	3年	10.70%	中新力合股份有限公司	母公司实际控制人担保＋股权质押担保
云鹏控股集团有限公司	0.2	3年	—	中新力合股份有限公司	房产抵押担保＋全体股东保证担保＋子公司保证担保
沪光集团有限公司	0.3	3年	—	中新力合股份有限公司	房产抵押＋实际控制人连带担保

（数据来源：浙江股权交易中心）

表 3-14　2014 年上半年中新力合股份有限公司私募债承销统计

发行企业	发行规模（亿元）	发行期限	票面利率	承销商	增信措施
浙江天地钢结构有限公司	0.15	3 年	10%	中新力合股份有限公司	资产抵押担保＋全体股东担保＋第三方担保
湖州金冶电子材料股份有限公司	0.30	3 年	10.70%	中新力合股份有限公司	房产抵押担保＋大股东保证担保＋关联方保证担保
浙江华金康工贸有限公司	0.20	3 年	9%	中新力合股份有限公司	全体股东保证担保＋股权质押担保＋商标权质押担保
浙江博世华环保科技有限公司	0.20	3 年	11%	中新力合股份有限公司	股权质押担保＋专利质押担保＋保证担保
金华市永新家具有限公司	0.70	58 个月	协商确定	中新力合股份有限公司	资产担保抵押＋全体股东担保

（数据来源：浙江股权交易中心）

表 3-15　2013—2014 年上半年中新力合股份有限公司私募债承销汇总

年份	发行规模(亿元)	发行只数
2013	1.7	7
2014(1—6 月)	1.55	5

（数据来源：中商顾问）

2. 浙商银行

2012 年浙商银行承销了 6 只中小企业集合票据，承销中小企业集合票据 11.27 亿元，分别占全国银行间市场集合票据发行只数和金额的 13.64%和 11.46%，浙商银行借助直接融资手段进一步拓展了小微企业融资渠道。

2013 年浙商银行承销了 2 只中小企业集合票据，承销额为 4.05 亿元，截至 2014 年上半年，浙商银行无承销记录。

表 3-16　2012—2013 年浙商银行中小企业集合票据承销统计

债券名称	债券代码	发行规模（亿元）	发行人	发行日期
12 乐清 SMECN1	1283032	1.7	浙江省乐清市 2012 年度第一期中小企业集合	2012-11-16
12 潍坊 SMECNⅡ002	051202006	1.5	山东省潍坊市 2012 年度第二期中小企业集合	2012-11-14
12 诸暨 SMECN1	1283029	3.2	浙江省诸暨市 2012 年度第一期中小企业集合	2012-11-05
12 台州 SMECN1	1283027	0.87	浙江省台州市 2012 年度第一期中小企业集合	2012-10-23
12 慈溪 SMECN1	1283020	2.375	浙江省慈溪市 2012 年度第一期中小企业集合	2012-07-20
12 慈溪 SMECN2	1283021	0.125	浙江省慈溪市 2012 年度第一期中小企业集合	2012-07-20
12 义乌 SMECN1	1283007	1.5	浙江省义乌市 2012 年度第一期中小企业集合	2012-04-25
13 义乌 SMECN001	051302025	1.0	浙江省义乌 2013 年度第一期中小企业集合	2013-11-28
13 潍坊 SMECNⅡ001	051302016	3.05	山东省潍坊市 2013 年度第一期区域集优中小企业集合	2013-05-27

（数据来源：中商顾问、中国货币网）

表 3-17　2013 年浙商银行承销中小企业集合票据情况

山东省潍坊市 2013 年度第一期区域集优中小企业集合票据	
债券简称	13 潍坊 SMECNⅡ001
债券代码	051302016
发行金额(亿元)	3.05
票据年限(年)	3
起息日	2013 年 5 月 28 日

续 表

上市日	2013 年 5 月 29 日
计息方式	附息式固定利率
票面利率	5.70%
联合发行人	山东省寿光蔬菜产业集团有限公司、山东东宝钢管有限公司、山东天雁服饰股份有限公司、山东华建铝业集团有限公司、山东新裕东铝业有限公司、山东蓝天首饰有限公司
履约情况	2014 年 5 月 28 日已付息
浙江省义乌 2013 年度第一期中小企业集合票据	
债券简称	13 义乌 SMECN001
债券代码	051302025
发行金额(亿元)	1
票据年限(年)	2
起息日	2013 年 11 月 29 日
兑付日	2015 年 11 月 29 日
票面利率	7.00%(Shibor 1Y+260BP)
联合发行人	浙江伟海拉链有限公司、浙江伊美薄膜工业集团有限公司
履约情况	于 2014 年 5 月 6 日提前兑付

(数据来源:中商顾问、中国货币网)

3.浙商证券股份有限公司

(1)浙商证券交易所私募债券承销情况。

2013 年浙商证券股份有限公司共承销了 8 只私募债券,发行总额为 12.5 亿元,2014 年上半年,浙商证券仅承销了 1 只私募债券,发行金额为 1.75 亿元。

表 3-18 2013—2014 年上半年浙商证券股份有限公司承销私募债券统计

债券名称	发行总额（亿元）	发行期限（年）	票面利率（发行参考利率）(%)	附息利率类型	付息频率	剩余期限（年）	发行人
12 松江债	3	3	9.5	附息	每年付息1次	1.5452	天津市松江生态产业有限公司
13 旭长债	0.15	3	9	附息	每年付息1次	2.3068	永安旭长实业有限公司
12 浙浦百	0.8	3	14	附息	每年付息1次	1.5014	浙江浦江百炼化工有限公司
12 安吉修	2.5	3	9.5	附息	每年付息1次	1.5288	浙江安吉修竹绿化工程有限公司
13 东通债	2	3	9.5	附息	每年付息1次	1.5808	浙江东冠通信技术股份有限公司
13 展望债	1	3	9.5	附息	每年付息1次	1.7397	湖州展望药业有限公司
13 浙永利	3	3	8.5	附息	每年付息1次	2.0247	浙江永利经编股份有限公司
13 图灵债	0.05	1	6.5	到期一次性还本付息	—	0.1342	浙江浙大网新图灵信息科技有限公司
13 湖新 01	1.75	1	11	到期一次性还本付息	—	0.411	湖州新城公用工程有限公司

（数据来源：中商顾问、中国货币网）

(2)浙商证券在浙交所私募债券承销情况。

2013 年浙商证券股份有限公司共承销了 8 只私募债券，发行总额为 12 亿元。2014 年上半年，浙商证券仅承销了 2 只私募债券，发行点额 4 亿元。截至目前，发行企业均能按期付息，暂时无不良违约现象。

表 3-19　2013 年浙商证券在浙交所承销私募债券统计

发行企业	发行规模（亿元）	发行期限（年）	票面利率	承销商	增信措施
诸暨市水务集团有限公司	1.5	2	8.00%	浙商证券股份有限公司	母公司保证担保＋土地使用权抵押担保
衢州市柯城区利民城乡建设投资开发有限责任公司	1	2	7.50%	浙商证券股份有限公司	第三方全额担保
中国水产舟山海洋渔业公司	1	1	6.2%—7.0%	浙商证券股份有限公司	
海宁市交通投资集团有限公司	1.5	3	7.50%	浙商证券股份有限公司	母公司保证担保
长兴交通投资集团有限公司	1.5	2	7.20%	浙商证券股份有限公司	母公司保证担保
海宁市城市发展投资集团有限公司	1.5	—	7.50%	浙商证券股份有限公司	母公司保证担保
新昌县交通投资有限公司	2	2	9%	浙商证券股份有限公司	土地使用权抵押担保＋应收账款质押担保
南京东部园林绿化建设发展有限公司	2	3	8.00%	浙商证券股份有限公司	控股股东担保

（数据来源：中商顾问、浙江省股权交易中心）

表 3-20　2014 年上半年浙商证券在浙交所承销私募债券统计

发行企业	发行规模（亿元）	发行期限（年）	票面利率	承销商	增信措施
宁波轿辰集团股份有限公司	1.00	2	7.50%	浙商证券股份有限公司	土地使用权及房产抵押担保＋实际控制人及子公司保证担保
美都经贸浙江有限公司	3.00	2	9%	浙商证券股份有限公司	大股东保证担保

（数据来源：中商顾问、浙江省股权交易中心）

据同花顺 iFinD 数据显示,在发行的 469 只私募债中,涉及 69 家承销商,这其中有中信证券 、国信证券、国泰君安等大型券商,但更多的是类似财通证券、中山证券、长城证券这类的中小券商。[①] 券商对于私募债热情不是特别高,一位券商知情人士表示,热情不高的主要原因在于,相比 IPO 的收入,承销私募债的收入很低。更为重要的是,券商承销私募债多数还得为私募债寻找投资者,一旦债券出现违约,券商也将面临声誉受损等多重影响。现在券商对于私募债发行都很谨慎,最重要的是违约事件频繁爆发之后害怕兜底。

第四节　对现有债券融资创新模式的评价

1. 中小企业集合发债模式

近年来,尽管我国政府及相关职能机构采取各种措施致力于拓宽中小企业融资渠道,但由于中小企业信用评级低、发行规模小等因素,单独发行债券困难重重。因此基于中小企业集群融资理论,中小企业集合发行的创新型债券融资工具应运而生。目前已发行或进行试点的中小企业集合发债方式包括中小企业集合债券、面向银行间市场的中小企业集合票据及在集合票据基础上发展起来的中小企业区域集优融资模式。

(1)中小企业集合债券和中小企业集合票据。

中小企业集合债券和中小企业集合票据虽然在运作上有一定区别,但两者都是统一组织、统一冠名、统一担保、分别负债、集合发行、市场运作,实际上同属于集合发债的范畴。其优点主要表现在:

一是有利于降低发行条件。在发债主体上,中小企业集合发行债券对单个企业的规模、盈利能力、偿债能力及信用等方面的要求较单个企业债券对发行企

① http://funds.hexun.com/2014-08-01/167178161.html.

业的要求低，使更多中小企业能参与到这一融资方式中来。

二是有利于降低融资成本。一方面，债券利息可从税前利润中扣除，因而具有“税盾”优势；另一方面，与股权融资相比，债券融资不会影响企业的所有权结构和日常经营管理，且集合发债是由多个企业合理分摊评级、担保、承销等费用，具有规模经济效益，从而使得每个企业通过这种方式融资的综合成本降低。

三是有利于降低参与企业总体的违约风险。首先，集群效应使得参与的中小企业具有良好的竞争优势和发展前景，因而往往具有履行债务的能力；其次，集群的中小企业实际上是一个利益共同体，如果一家企业违约，就会使集群总体的信用降低，影响到其他企业的利益，这种情况下，参与集群的企业间就会相互监督，从而降低违约的可能性；再次，集合债券由多家企业集体发行，而这些企业同时违约的可能性相对比较小，使得投资者总体收益能够得到基本保障；最后，集群企业相对单个企业来说，具有一定的发展规律，从而使得集群的风险具有一定的可预测性，一定程度上也降低了集合债券的违约风险。

(2)中小企业区域集优融资模式。

2011 年 11 月，中国银行间市场交易商协会成功推出了中小企业区域集优融资模式，即指一定区域内具有核心技术、产品具有良好市场前景的中小非金融企业，由政府提供专项风险缓释措施的支持，在银行间债券市场通过发行中小企业集合票据实现融资。

与中小企业其他债务融资工具相比，区域集优债具有以下优势：一是有利于落实风险缓释措施，降低筹资成本。在区域集优模式下，地方政府通过成立中小企业直接债务融资发展基金，为中小企业直接债务融资提供偿债风险保证，使区域集优债的信用风险缓释得以落实，有利于区域集优债信用等级的提高，从而降低发债成本。二是有利于政府规范和引导中小企业的发展。该模式下，由当地政府和主管部门根据地方产业规划和政策，推荐区域内产业政策重点支持的中小企业，有利于引导资金的流向，促进当地中小企业的转型和发展。三是有利于保护投资者的利益。区域集优债总体上降低了发债企业的信用风险，提高了投资者的投资意愿,而风险缓释、发行后续管理等环节的风险分散、分担机制的建立有利于提高资金的安全性,从而使投资者的利益得以保障。

2. 高收益债券

高收益债券,又称投机级债券或垃圾债券(Junk Bond),是指主要由非金融企业发行的信用评级低于投资等级的债券,即评级在BB(或Ba)及以下的债券。其特点是对企业的规模、信用等级、经营状况等没有严格的要求,发行门槛低,这对众多信用水平低下又急需资金的中小企业来说,无疑是一种很好的债务融资工具。高收益债券是一种“高风险”“高收益”的投资品种,尽管相对于投资级债券的违约风险更高,但根据美国20多年来的发展经验,其实际违约率平均不到5%。

中小企业高收益债券具有广阔的发展空间:一是从市场需求看,经过近20年的发展,我国各类机构投资者迅速发展,承受风险的能力也日益增强,它们能够按照自身的风险承受能力,投资相应的金融产品,并运用组合投资等方式控制投资风险,从而支撑了中小企业高收益债券市场的内在需求。二是从经济和政策环境看,目前我国宏观经济运行良好,同时国家又积极推动债券市场的发展并鼓励各种金融创新,因此发展中小企业高收益债券具备良好的经济和政策环境。三是从技术上看,我国已经初步建立起适合中小企业高收益债券发行和交易的场所——银行间债券市场,市场基础设施正在不断改进,监督管理体系也在不断完善,同时在信用风险缓释方面,随着已推出的信用风险缓释工具(CRM)功能的发挥,高收益债券将具备信用风险转移与对冲机制。

尽管中小企业高收益债券的发展前景广阔,但短期来看,仍存在较大的障碍:一是虽然我国目前债券发行相关的法律法规对高收益债券的发行没有明确的限制,但其中一些限制性条款却在很大程度上制约着高收益债券市场的发展。二是目前我国金融市场的风险分担机制建设还不完善。三是投资者利益保护机制还不够完善。四是信用评级质量方面,目前我国的信用评级业在专业技术、数据积累、人才储备等方面与发达国家存在较大的差距,在评级的正确性和公允性方面有待改进,同时评级机构"发行方付费"的盈利模式也影响了评级的独立性,这与高收益债券高质量信用评级的要求不符。

3. 中小企业短期融资券

短期融资券是指企业依照《银行间债券市场非金融企业债务融资工具管理办法》的条件和程序在银行间债券市场发行和交易,并约定在一年的期限内还本付息的有价证券,具有期限短、流动性好的特点,属于单体发债模式,市场化程度高。最早出现在 1988 年,1997 年停发,2005 年恢复发行。由企业向有关审批机构提出发行申请,国内各家银行进行购买。2008 年 10 月,横店联宜电机、福建海源自动化、深圳中兴集成电路、广东宏大爆破、江苏东光微电子和北京七星华创电子 6 家中小企业作为试点进行了发行短期融资券的尝试。其中,广东宏大爆破公司因有重大伤亡事故的发生取消了短融发行,横店联宜电机因有集团担保于发行当天完成发行,其余企业发行均不理想。总体来讲,由于中小企业的财务信息不够公开透明,信用风险很高,缺少担保,机构投资者的监管成本较大,加上当时次贷危机的影响,其市场流动性受到限制,试点效果并不如意。

第二篇　经验及案例

第四章
科技型中小企业债券融资的支持政策及实践经验

通过梳理国家和浙江省支持科技型中小企业债券融资的有关政策,并针对科技型中小企业债券融资的现状,具体分析研究了中小企业集合票据、中小企业集合信托债权基金和“银政投”集合信贷产品的财政金融扶持政策,总结出财税金融政策支持科技型中小企业债券融资的相关经验。

第一节　中小企业债券融资的支持政策梳理

1.国家层面的政策支持

(1)出台科技金融政策,鼓励发展科技型中小企业债券融资。

2010 年 12 月,科技部等五部门发布《促进科技和金融结合试点实施方案》,要求组织符合条件的高新技术企业发行中小企业集合债券和集合票据,探索发行符合战略性新兴产业领域的高新技术企业高收益债券。2011 年 4 月,科技部办公厅发布《地方促进科技和金融结合试点方案提纲》,提出以集合信托的方式支持科技型中小企业、科技型中小企业集合债券和集合票据,科技保险产品和业务创新。2011 年 5 月,科技部《关于进一步促进科技型中小企业创新发展的若干意见》中指出要探索利用债券工具和信托工具为科技型中小企业融资的有效形式和途径。

(2)从债务融资工具品种、发行机制及流程、发行主体、中介机构等方面明确政策,促进科技型中小企业债券融资。

2011 年 10 月,科技部等八部门发布《关于促进科技和金融结合加快实施自主创新战略的若干意见》,进一步明确支持科技型企业通过债券市场融资,并要求进一步完善直接债务融资工具发行机制、简化发行流程,支持符合条件的科技型中小企业通过发行公司债券、企业债、短期融资券、中期票据、集合债券、集合票据等方式融资。探索符合条件的高新技术企业发行高收益债券融资。鼓励科技型中小企业进一步完善公司治理与财务结构,鼓励中介机构加强对其辅导力度,以促进其直接债务融资。

(3)鼓励地方政府和区域性科技管理部门组织科技型中小企业发债,并引导民间资本合法投资。

2012 年 6 月,科技部《关于进一步鼓励和引导民间资本进入科技创新领域的意见》中指出,鼓励地方科技管理部门和国家高新区组织发行科技型中小企业集合债券、集合票据、私募债券以及信托产品等债券产品,并引导民间资本合法合规投资。

(4)支持科技型中小企业利用债券工具滚动融资和并购融资。

2014 年 1 月,人民银行、科技部等六部门发布了《关于大力推进体制机制创新扎实做好科技金融服务的意见》,提出鼓励科技企业利用债券市场融资,支持科技企业通过发行企业债、公司债、短期融资券、中期票据、中小企业集合票据、中小企业集合债券、小微企业增信集合债券、中小企业私募债等产品进行融资。继续推动并购债、可转债、高收益债等产品发展,支持科技企业滚动融资、行业收购兼并和创投公司、私募基金投资和退出。

2.浙江省各级政府的政策支持

浙江省政府大力支持科技型中小企业债券融资。2011 年 7 月,浙江省发布

《关于进一步促进科技与金融结合的若干意见》，提出了要支持利用债券市场开展融资，加大债务融资工具的宣传和推广力度，积极支持经济效益好、信誉度高的科技型企业在银行间债券市场发行短期融资券、中期票据等债务融资工具。在不断完善风险控制、信用增进等相关配套服务的基础上，依托高新技术产业开发区(园区)、产业基地、科技企业孵化器等产业集聚区积极开展科技型中小企业集合票据等中小企业集合类债券产品发行工作。鼓励科技型上市公司发行公司债券和可转换债券，加大债券市场产品创新力度。进一步推进企业资产证券化产品的创新，多渠道扩大科技型企业债务融资规模。

浙江省各级地方政府出台支持中小企业债券融资政策。经过我们对杭州、宁波、丽水、金华、衢州、绍兴、台州等地的调查，梳理了 2012—2014 年部分地区支持中小企业债券融资的政策，主要政策有以下几个方面：

(1)对成功发行企业债、超短期融资券、短期融资券、中期票据、私募债、集合债等债券融资工具的企业，政府对企业每发行一期给予最高不超过 40 万元的一次性奖励，每家企业同一年度累计补助不超过 100 万元；或者按照所募资金的 0.1%—0.5%给予奖励，奖励金额最高不超过 30 万元；或者按其融入资金的 1%—2%，最高不超过 30 万元给予企业贴息补助。各地的奖励政策略有差别，具体依据当地政府发布的文件执行。

(2)对负责发行债券的地方金融机构成功后，当地政府给予不超过 30 万元奖励；对提供担保增信的本地担保机构，担保费率低于 1.5%的，当地政府按照融资额的 0.5%给予奖励，最高不超过 150 万元。或者对为中小企业提供主承销服务的地区金融机构，每承销一笔奖励 10 万元。

(3)对进入浙江省产权交易中心登记备案、挂牌交易的发债企业一次性奖励 10 万—20 万元。

国家和地方政府的支持政策为科技型中小企业开展债券融资提供了保障、明确了方向，地方政府的具体措施为中小企业债券融资拓展了渠道，也降低了融资成本。

表 4-1 浙江省部分地区支持中小企业债券融资的政策一览表

	地方	支持条件	企业支持政策（奖励措施）	其他支持政策
宁波地区	宁波市甬政发〔2012〕26 号	成功发行企业债、超短期融资券、短期融资券、中期票据的宁波企业	每发行一期市政府给予不超过 30 万元奖励	对负责发行的本市金融机构成功后，市政府给予不超过 30 万元奖励
		成功发行中小企业集合债券、集合票据或参与中小企业集合信托计划的宁波市企业	市政府给予每家企业不超过 30 万元的奖励	提供担保增信的本市担保机构，担保费率低于 1.5%的，市政府按照融资额的 0.5%给予奖励，最高不超过 150 万元
	宁波市保税区 甬保税政〔2014〕1 号	成功发行中小企业集合债券、集合票据或参与中小企业集合信托计划、公司债、可转债和可分离债等	以项目团队为单位，按融资额的 5‰给予奖励，对单个产品的奖励最高不超过 20 万元	对单个金融机构奖励最高不超过 50 万元
	宁波市鄞州区 鄞政发〔2013〕119 号	企业发行企业债、短期融资券、中期票据、私募债等债券融资工具；上市公司发行公司债、可转债	每发行一期给予最高不超过 30 万元的一次性奖励，每家企业同一年度累计补助不超过 100 万元	
	镇海区 镇政办发〔2012〕149 号	成功发行企业债、超短期融资券、短期融资券、中期票据等各类债券类的本区企业	每发行一期给予不超过 30 万元奖励	对负责发行的本市金融机构成功后市政府给予不超过 30 万元奖励
		成功发行中小企业集合债券、集合票据或参与中小企业集合信托计划的本区企业	给予每家企业最高不超过 30 万元的奖励	提供担保增信的本市担保机构，担保费率低于 1.5%的，市政府按照融资额的 0.5%给予奖励，最高不超过 150 万元

续　表

	地方	支持条件	企业支持政策（奖励措施）	其他支持政策
杭州地区	杭州市余杭区　余政办〔2014〕6号	发行企业债、中小企业私募债	对企业给予所募资金2‰奖励，最高不超过40万元	
		发行短期融资券、中期票据	对企业，按发行金额的1‰给予费用补贴，单次补贴金额不高于30万元	
		两家以上中小企业集合式发行区域集优债（中小企业集合票据），且未由财政性基金提供增信	按各自发行金额的2.5‰给予费用补贴，单次单户补贴金额不高于50万元	为中小企业提供主承销服务的余杭区金融机构，每承销一笔奖励10万元
	富阳市　富政函〔2014〕3号	成功发行1年期及以上短期融资券、中期票据的大型企业和发行公司债券、可转换债券的上市企业	按所募资金的0.1%给予奖励，奖励金额最高不超过30万元	设立企业发债增信保证基金，为企业提供信用增进
		成功发行1年期及以上中小企业私募债的企业	按所募资金的0.5%给予奖励，奖励金额最高不超过40万元	
		成功发行1年期以上集合债、集合票据，且未由财政性基金提供增信的企业	按各自募集资金的0.5%给予奖励，每家企业最高不超过50万元	

续 表

	地方	支持条件	企业支持政策（奖励措施）	其他支持政策
丽水地区	丽水市 丽政发 〔2013〕93 号	成功发行公司（企业）债、短期融资券、中期票据、中小企业集合票据（含区域集优票据）、中小企业集合债券、中小企业私募债券、定向债等债务融资工具的企业（不含国有或国有控股企业）	按其融入资金的1%最高不超过30万元给予企业补助	
	云和县 云政发 〔2013〕39 号	成功发行公司（企业）债、短期融资券、中期票据、中小企业集合票据（含区域集优票据）、中小企业集合债、中小企业私募债、定向债等债务融资工具的企业（不含国有或国有控股企业）	按其融入资金的2%最高不超过30万元给予企业贴息补助	
金华地区	东阳市 东政发 〔2013〕41 号	通过浙江股交中心以增发股份、发行债券等融资方式募集资金，用于实体经济的企业	按所募集资金总额的0.5%给予奖励，最高不超过50万元	
	金华市（含市本级及市分区） 金政办发 〔2013〕42 号	发行企业债、私募债、短期融资券、中期票据；上市公司发行公司债、可转债	每发行一期（短期融资券需发行1亿元以上）奖励20万元	担保机构为市区企业发行债券提供增信，担保费率低于1.5%的，按照融资额的0.5%给予奖励，最高不超过100万元
		发行中小企业集合债券、区域集优债、集合票据或参加中小企业集合信托计划	按每单总额的1‰给予奖励，最高不超过100万元	

续　表

	地方	支持条件	企业支持政策（奖励措施）	其他支持政策
衢州地区	衢州市（市本级及市分区）衢政发〔2013〕22号	发行中小企业私募债的企业	给予所募资金1%，最高不超过30万元的奖励；对第一家发行中小企业私募债的企业再给20万元的奖励	
		发行中小企业集合债、集合票据的企业	给予每家企业不高于20万元的奖励	
	常山县常政办发〔2013〕248号	对县内企业通过定向发债或发行票据等方式引进私募资金，且期限在一年以上	给予企业所募集资金1%的奖励（但不超过50万元）	
绍兴地区	嵊州市	企业发行短期融资券、中长期债券，该融资额60%以上投资于本市的企业	按实际投资额的2‰给予贴息补助	
	新昌县新委办〔2013〕145号	企业在“新三板”及浙江股权交易中心成长板挂牌融资，挂牌企业在3年内通过股权、债券等直接融资方式融资1000万元以上并投资于新昌的企业	按融资额的2%给予奖励，最高奖励不超过50万元	
台州地区	玉环县玉政发〔2012〕50号	发行中小企业债、中小企业私募债及集合票据等	以实际募资额的2‰为标准，给予奖励	对进入浙江省产权交易中心登记备案交易的企业一次性奖励20万元
	台州市路桥区 路政发〔2013〕26号	成功发行企业集合债、集合票据、集合信托、中小企业私募债、短期融资券等产品且融资额超5000万元以上的非金融企业（不包括房地产企业），直接融资资金80%以上用于本区的企业	每家企业补助10万元	在浙江省股权交易中心挂牌的，每家企业补助10万元

（资料来源：网络查询整理，截止时间2014年4月）

第二节　中小企业债券融资的实践创新经验

1.制度创新支持中小企业集合票据融资

从2007年开始,政策支持中小企业债券融资的具体实践,主要体现在中小企业集合票据和区域集优集合票据融资上,并已取得了不少成功案例,其实践和创新的成功经验有待于推广到中小企业私募债、集合债等其他债券融资品种。

(1)组织政策性的第三方担保或反担保机构,为中小企业提供债券信用增进服务。2009年9月21日,银行间市场交易商协会和市场会员发起设立中债信用增进投资股份有限公司,为中小企业在银行间市场发行债券提供增信措施。在浙江省义乌市2013年度第一期中小企业集合票据的发行中,中债增公司提供全额无条件不可撤销担保,使该集合票据信用评级达到AAA水平。地方政策性担保公司也提供相应的反担保措施,为中小企业提供了良好的融资服务。

(2)引进国有资产管理公司,为中小企业集合票据做出第三方回购承诺。浙江省诸暨市2010年度中小企业集合票据的发行中,将集合票据进行结构化设计,分为优先级和普通级,还首次引进资产管理公司对该集合票据“承诺收购”,当债券发行人在债券到期前未能足额偿还债务的,资产管理公司将对优先级集合票据按票面本息额作价进行全额收购,为该集合票据发行设置了保障制度。

(3)政府出资设立中小企业直接债务融资发展基金,支持区域集优集合票据融资。中小企业直接债务融资发展基金(也称为偿债风险准备金)是由政府出资对参与企业通过区域集优实现直接债务融资保障和风险代偿保护的专项基金。例如在杭州市2012年度第一期区域集优中小企业集合票据的发行中,杭州市政府出资1亿元设立中小企业直接融资发展基金,对中小企业债券融资提供直接的资金支持和保障。该基金由杭州市政府、人民银行杭州中心支行、中债增公司、杭州银行四方共同监管，仅用于杭州市“区域集优”项下任何一个发行人违约时向中债增公司划付，划付规模为杭州市区域集优项下债务融资工具累计发行总额的5%。参与区域集优的企业须经过筛选、评级、推荐等程序，并接受尽职调查。

(4)地方政府运用财政支持等手段，建立由政府及社会出资的直接债务融资风险缓释基金，实现财政资金的“杠杆效应”和“协作效应”。风险缓释基金可发挥多方面作用，其中“杠杆效应”与“协作效应”是两个重要的作用。“杠杆效应”是指一定规模的基金可实现多倍的融资规模，政府设立的资金既可以作为偿债保障，又如同杠杆一样能撬动更大的融资规模。“协作效应”是指通过设立该基金，使地方政府与债权人的利益相链接，从而调动地方政府对参与区域集优债务融资企业偿债能力的监管积极性，促使地方政府协助债权人对债务人进行风险管理，进而降低债权人对中小企业信用风险的担忧。

2.财政资金引导债权基金产品创新

财政资金引导市场各方力量推动小企业集合信托债权基金和“银政投”集合信贷产品创新。从2008年9月起，由浙江中新力合担保有限公司、中投信托和杭州市西湖区政府共同发起设立“西湖区企业成长引导基金”，采用“小企业集合债权信托基金”形式为中小企业解决融资问题。

(1)以政府财政资金为引导，吸引社会资金有效参与小企业集合信托债权基金。小企业集合信托债权基金较好地协调了政府、银行、担保公司、中介机构、社会资金等各方面力量，能够通过各取所需、各尽所能的风险收益匹配方式形成协同效应。政府部门推荐符合特定行业或区域经济发展特色的优质中小企业参与发行基金，并体现引导功能不求回报。

(2)优化了政府财政资金投入方式，发挥了资金放大效应，提高了财政资金使用效率。杭州小企业集合信托债权基金的背后是一个规模2亿元的“西湖区企业成长引导基金”，按照目前已发行的小企业集合信托债权基金的政府资金投入比例来看,政府引导基金可以 1∶5 或 1∶6 的比例放大,政府实现了以零风险积极解决小企业融资问题。

(3)国家开发银行、地方政府、风险投资机构参与的“银政投”集合信贷产品,是在小企业集合信托债权基金基础上的创新。该产品设计者中新力合担保有限公司引入了国家开发银行浙江分行的低息贷款资金替代商业银行理财资金,并作为产品的第一受益人,层级优先且有担保覆盖。政府资金作为第二受益人,层级居中有担保覆盖。劣后认购方则承担无担保且本息托底的风险,同时作为风险对价,享受账面较高的回报率及对入选企业的潜在投资机会。

中小企业集合债权信托基金和“银政投”集合信贷产品都属于集合债类产品,通过运用集合债的合法债权融资载体,并进行结构化设计,实现了政府扶持中小企业发展的政策意图,拓展了中小企业融资渠道,降低了融资风险。从 2008 年到 2013 年 12 月,浙江省共发行中小企业集合信托债券基金、中小企业集合资金信托计划、“银政投”集合信贷产品共 16 只,融资额 9 亿元,扶持中小企业 280 多家,其中科技型中小企业约占 30%。

3.区域性股权交易中心搭建债券场外交易平台

区域性股权交易中心为中小企业私募债搭建了场外交易平台。浙江股权交易中心成立于 2012 年 9 月,是浙江省为解决“两多两难”,促进经济转型升级而设立的区域性股权交易市场。浙江省级金融投资平台——浙江省金融市场投资有限公司为其大股东,持股 40%。“十二五”期间,浙江致力于打造中小企业金融服务中心和民间财富管理中心“两个中心”,浙江股交中心则是实现两个中心战略的重要载体。截至 2014 年 7 月,在浙江股权交易中心备案发行债券的企业有 49 家,其中:民生工程类私募债 13 家(见表 4-3);小贷公司定向债 6 家(见表 4-4);普通私募债 30 家,普通私募债中有科技型中小企业 14 家(见表 4-2)。目前,中小企业私募债既可以在交易所备案发行,也可以在股权交易中心备案发行,已形成场内市场、场外市场并存的多层次私募债市场。

表 4-2 浙江股权交易中心普通私募债挂牌情况表

发行人	类型	承销商	备案时间	票面利率	发行期限	增信措施	发行情况
浙江省诸暨市龙翔纤维有限公司 2014 年私募债	非科技型	中新力合股份有限公司	2014/7/11	协商确定	2 年	设备抵押担保＋实际控制人保证担保及其房产和土地抵押担保	正组织销售中
浙江瑞明节能科技股份有限公司 2014 年私募债	科技型	中新力合股份有限公司	2014/6/11	协商确定	3 年	房产抵押担保＋实际控制人及股东保证担保	正组织销售中
浙江沃诚美田车业有限公司 2014 年私募债	科技型	中新力合股份有限公司	2014/6/9	协商确定	3 年	股东保证担保	正组织销售中
浙江忠信混凝土有限公司 2014 年私募债	非科技型	中新力合股份有限公司	2014/5/22	协商确定	25 个月	母公司及实际控制人保证担保	正组织销售中
浙江京新控股有限公司 2014 年私募债	科技型	财通证券股份有限公司	2014/5/16	9％	3 年	上市公司股权质押担保＋大股东阶段性保证担保	0.6 亿元发行完成
浙江天地钢结构有限公司 2014 年私募债	科技型	中新力合股份有限公司	2014/5/5	10％	3 年	资产抵押担保＋全体股东担保＋第三方担保	0.15 亿元发行完成
嘉兴市联众实业投资有限公司 2014 年中小企业私募债券	非科技型	隆德资产管理有限公司	2014/4/8	12％（第一期）	1 年	实际控制人保证担保＋大股东保证担保＋房产抵押担保	4000 万元发行完成
浙江华金康工贸有限公司非公开发行 2014 年私募债券	非科技型	中新力合股份有限公司	2014/3/28	10％	3 年	全体股东保证担保＋股权质押担保＋商标权质押担保	0.2 亿元发行完成

续 表

发行人	类型	承销商	备案时间	票面利率	发行期限	增信措施	发行情况
美都经贸浙江有限公司 2014 年私募债券	非科技型	浙商证券股份有限公司	2014/3/20	9%	2 年	大股东保证担保	3 亿元发行完成
湖州金冶电子材料股份有限公司 2014 年私募债券	科技型	中新力合股份有限公司	2014/3/5	10.70%	3 年	房产抵押担保＋大股东保证担保＋关联方保证担保	0.3 亿元发行完成
浙江博世华环保科技有限公司 2014 年私募债券	科技型	中新力合股份有限公司	2014/1/28	10.70%	3 年	股权质押担保＋专利质押担保＋保证担保	0.2 亿元发行完成
金华市永新家俱有限公司 2014 年私募债券	非科技型	中国民生银行股份有限公司杭州分行	2014/1/28	协商确定	58 个月	资产担保抵押＋全体股东担保	0.7 亿元发行完成
杭州深瑞水务有限公司非公开发行 2013 年私募债券	非科技型	中新力合股份有限公司	2013/12/31	10.70%	3 年	大股东保证担保	0.2 亿元发行完成
绍兴新锐传媒影视文化发展有限公司 2013 年私募债券	非科技型	中新力合股份有限公司	2013/12/25	协商确定	3 年	房产抵押担保＋大股东保证担保	0.2 亿元发行完成
舟山中昌海运有限责任公司 2013 年私募债券	非科技型	中新力合股份有限公司	2013/12/23	10.50%	3 年	控股股东保证担保＋实际控制人保证担保＋投资公司承诺函维持借款规模	0.3 亿元发行完成

续　表

发行人	类型	承销商	备案时间	票面利率	发行期限	增信措施	发行情况
浙江创联信息技术股份有限公司2013年私募债券	科技型	中新力合股份有限公司	2013/12/23	协商确定	3年	大股东股权质押担保＋知识产权质押担保＋实际控制人保证担保＋关联企业保证担保	正组织销售中
宁波轿辰集团股份有限公司2013年私募债券	非科技型	浙商证券股份有限公司	2013/12/17	7.50%	2年	土地使用权及房产抵押担保＋实际控制人及子公司保证担保	1亿元发行完成
云鹏控股集团有限公司2013年私募债券	非科技型	中新力合股份有限公司	2013/11/26	协商确定	3年	房产抵押担保＋全体股东保证担保＋子公司保证担保	0.2亿元发行完成
沪光集团有限公司2013年私募债券	科技型	中新力合股份有限公司	2013/10/30	10.70%	3年	房产抵押＋实际控制人连带担保	0.5亿元分二期，一期0.3亿元发行完成
中国水产舟山海洋渔业公司2013年私募债券	非科技型	浙商证券股份有限公司	2013/10/28	6.35%	1年	土地使用权＋房产抵押担保	1亿元发行完成
浙江浙大网新图灵信息科技有限公司2013年私募债券	科技型	财通证券有限责任公司	2013/10/15	6.50%	1年	深交所上市公司股权质押担保	0.55亿元发行完成
舟山德勤物流公司2013年私募债券	非科技型	中新力合股份有限公司	2013/8/7	9%—11%	3年	公司＋实际控制人＋担保公司担保	0.2亿元发行完成

续 表

发行人	类型	承销商	备案时间	票面利率	发行期限	增信措施	发行情况
志诚动力科技(杭州)有限公司2013年私募债券	科技型	财通证券有限责任公司	2013/10/9	9.80%	3年	全体股东担保	0.15亿元发行完成
浙江亘古电缆公司2013年私募债券	科技型	中新力合股份有限公司	2013/7/15	10.70%	3年	抵押+实际控制人连带担保	0.5亿元发行完成
杭州天马时控科技公司2013年私募债券	科技型	广州证券有限责任公司	2013/7/2	协商确定	2年	担保公司全额担保	正组织销售中
杭州中科赛思节能设备有限公司2013年私募债券	科技型	中新力合股份有限公司	2013/5/28	10.70%	3年	母公司实际控制人担保+股权质押担保	0.2亿元发行完成
塔牌手工原酒(庚寅典藏)投资私募债券	非科技型	浙商金汇信托股份有限公司	2013/3/1	8%	5年	母公司保证担保	0.5亿元发行完成
温州市金云铜材有限公司2012年中小企业私募债券	非科技型	华林证券有限责任公司	2013/1/16	协商确定	3年	抵押+股东连带担保	备案有效期已到
报喜鸟集团有限公司2012年度第一期私募债券	非科技型	浙商银行股份有限公司		7%	2年	第三方全额担保	1亿元发行完成
湖州天外绿色包装印刷有限公司2012年私募债券	科技型	财通证券有限责任公司		协商确定	3年	第三方全额担保	2亿,备案有效期已到

(数据来源:浙江股权交易中心网站,http://www.zjnpse.com/,数据截止日期,2014年7月30日)

表 4-3 浙江股权交易中心民生工程类私募债挂牌情况

发行人	承销商	备案时间	票面利率	发行期限	增信措施	发行情况
湖州吴兴南太湖建设投资有限公司 2014 年私募债券	隆德资产管理公司	2014/6/16	协商确定	1 年	股东保证担保	1.077 亿元销售完成
杭州市交通置业有限公司 2014 年私募债券	浙商证券股份有限公司	2014/1/20	协商确定	2 年	母公司担保	正组织销售中
杭州临江投资发展有限公司 2013 年私募债	中信证券股份有限公司	2013/12/20	7.36%	5 年	股东保证担保	7 亿元销售完成
衢州市柯城区利民城乡建设投资开发有限责任公司 2013 年私募债	浙商证券股份有限公司	2013/10/15	7.50%	2 年	第三方全额担保	1 亿元发行完成
宁波市商贸集团有限公司 2013 年私募债	广发证券股份有限公司	2013/10/15	7.50%	2 年	子公司保证担保	5000 万元发行完成
诸暨市水务集团有限公司 2013 年私募债	浙商证券股份有限公司	2013/10/15	8%	2 年	母公司保证担保+土地使用权抵押担保	1.5 亿元发行完成
海宁市交通投资集团有限公司 2013 年私募债	浙商证券股份有限公司	2013/9/22	7.50%	2 年	母公司保证担保	1.5 亿元发行完成
海宁市城市发展投资集团有限公司 2013 年私募债	浙商证券股份有限公司	2013/9/4	7.50%	2 年	母公司保证担保	1.5 亿元发行完成
长兴交通投资集团有限公司 2013 年私募债	浙商证券股份有限公司	2013/8/7	7.20%	2 年	母公司保证担保	1.5 亿元发行完成

续　表

发行人	承销商	备案时间	票面利率	发行期限	增信措施	发行情况
新昌交通投资有限公司 2013 年中小企业私募债	浙商证券股份有限公司	2013/3/14	9%	2 年	土地使用权抵押担保＋应收账款质押担保	2 亿元发行完成
浙江鑫达建设有限公司 2012 年中小企业私募债	财通证券有限责任公司	2013/1/22	协商确定	2 年	土地使用权抵押担保	备案有效期已到
浙江省基础建设投资集团股份有限公司 2012 年中小企业私募债	浙商证券股份有限公司	2013/1/10	协商确定	20 个月	应收账款质押担保	备案有效期已到
南京东部园林绿化建设发展有限公司 2012 年私募债	浙商证券股份有限公司	2012/12/14	8%	3 年	控股股东担保	2 亿元发行完成

（数据来源：浙江股权交易中心网站，http://www.zjnpse.com/，数据截止日期，2014 年 7 月 30 日）

表 4-4 浙江股权交易中心小贷定向债券挂牌情况

发行人	承销商	备案时间	票面利率	发行期限	增信措施	发行情况
台州市金丰小额贷款有限公司 2014 年定向债第一期	浙江三创投资管理有限公司	2014/4/23	9%	1 年	5 家法人股东保证担保	0.1 亿元发行完成
绍兴县华联小额贷款股份有限公司 2013 年定向债	财通证券有限责任公司	2014/3/11	协商确定	3 年	关联方保证担保	正组织销售中
绍兴县汇金小额贷款股份有限公司 2013 年定向债	财通证券有限责任公司	2013/9/29	8.50%	3 年	所有法人股东保证担保	0.5 亿元发行完成
德清升华小额贷款股份有限公司 2013 年定向债	财通证券有限责任公司	2013/7/15	8.50%	3 年	控股母公司担保	0.5 亿元发行完成
苍南联信小额贷款股份有限公司 2013 年定向债	财通证券有限责任公司	2013/6/18	协商确定	3 年	6 家法人股东保证担保＋9 个持有人股权质押担保	正组织销售中
瑞安华峰小额贷款股份有限公司 2013 年定向债	财通证券有限责任公司	2013/6/18	8.50%	3 年	大股东保证担保	0.5 亿元发行完成

（数据来源：浙江股权交易中心网站，http://www.zjnpse.com/，数据截止日期，2014 年 7 月 30 日）

第五章
科技型中小企业信用私募债融资成功案例

2013年,由中新力合股份有限公司(以下简称“中新力合”)担任承销商的“中科赛思私募债”“亘古电缆私募债”先后在浙江股权交易中心成功发行,这两只债券是国内首批无资产抵押、无强增信条件、完全依托信用发债的科技型中小企业债券,开创了信用化私募债融资的先例①,为广大科技型中小企业提供了成功案例。

第一节　国内首只信用私募债的创新特点

发债企业杭州中科赛思节能设备有限公司是一家典型的科技型中小企业,规模虽小但科技创新实力雄厚,该公司没有实质性的实物资产做抵押,仅用相关知识产权、商标专利等证件,不需行政审批、无净资产和盈利要求限制,成功发行了2000万元私募债,其债券产品的定位设计创新和成功经验值得我们深入研究。

而中新力合是全国首家实现“从私募债备案承销到成功发行整体运作”的非银行、非券商金融服务机构,其信用私募债的实践是科技型中小企业、区域资本

① http://hzdaily.hangzhou.com.cn/dskb/html/2013－08/01/content_1547458.htm.

市场等多方共赢的结果。该公司目前已承销10多家中小企业私募债并在浙江股权交易中心备案挂牌，其中约50%为科技型中小企业，形成了其独特的中小企业债券融资模式。因此，我们以中科赛思私募债为例，对其融资模式加以研究，为更多的科技型中小企业开展私募债融资创新提供理论依据和实践经验。

中科赛思私募债的成功发行为科技型中小企业发行私募债融资提供了一个范例，主要有三个创新特点①。

1. 市场首例纯信用中小企业私募债

信用债券是指没有抵押品、依靠企业良好的信誉而发行的债券，通常只有经济实力雄厚、信用良好的大企业才有能力发行。而中科赛思私募债的发行主体规模虽小但科技创新实力雄厚，是集"科技型""成长新""纯民企"典型特质于一身的科技型中小企业。在不提供资产抵押、无强增信条件、完全依托信用发债的情况下成功完成发行，开创了科技型中小企业债券融资创新的先例。

2. 通过债券受托管理人控制发债企业经营管理风险

债券受托管理人是根据债务托管协议而设立的维护债券持有人利益的机构，一般由保荐人或中国证监会认可的机构担任。本案例中的中新力合作为债券受托管理人，通过聘任具备丰富金融从业经验、社会声誉显著的专家、学者，持续关注发债企业的资信状况，督导发债企业经营与规范治理，实现在中小企业发债常规增信方式无法有效覆盖情况下的风险控制，从过去简单粗放式的实物抵押担保，提升到债券受托管理人在企业经营过程中护航。

3. 科技型中小企业在场外市场发行私募债的成功实践

中科赛思私募债的承销商中新力合股份有限公司是非银行、非券商金融服务机构，挂牌场所是浙江股权交易中心，打破了原来只有券商、沪深交易所、银行间市场才能做的债券市场格局。该债券的认购对象，除了引进基金、机构投资者

---

① http://epaper.21cbh.com/html/2013-08/12/content_73642.htm.

等追求高风险与高收益相匹配的相关金融资本,也吸引了来自发债企业上下游的合作方、关注者等产业资本参与者,其认购方中就有一家应用由发债企业提供的伺服节能技术生产相关变频设备的上市公司。从承销商、交易场所、投资者等市场参与者来看,一个多层次的私募债市场已经形成。

第二节 科技型中小企业的"信用私募债模式"

从中科赛思私募债的特点可以看出,该债券是一种信用化的私募债,我们把其创新的发行设计和思路称为科技型中小企业债券融资的"信用私募债模式"。该模式从以下几个方面来理解。

1. 信用私募债发行主体的选择

目前,浙江省因互保联保引发的银行不良贷款高达数百亿元,一些具有成长潜力的科技型中小企业也深陷互保联保隐患之中,只要整个担保链上的一家企业违约,就会产生多米诺骨牌效应,把参与其中的优质企业拖垮。"信用私募债模式"下的私募债发行对象就是特别针对那些处于互保联保圈、急需资金、本身资质又较好的中小企业,信用评级多为AA或A级,通过债券融资使其获得中长期资金,并从后患无穷的互保联保圈中脱离出来。如同"中科赛思私募债",信用私募债的发行主体均是信用评级为AA或A的较高信用评级企业,企业处于朝阳或景气度高的行业,业务增长稳定,轻资产,未来有IPO意向,大部分属于科技型企业。承销商愿意选择这类优质企业发行信用私募债,主要有三个因素:一是有利于私募债券销售并做大规模;二是对浙江企业深陷互保联保隐患的一种因地制宜;三是科技型中小企业有较强的团队爆发力和经营能力,资产负债率、现金流、企业商业模式创新度等情况较好。

2. 结构化增信设计

信用私募债通过结构化增信设计来平衡安全与收益。首先对信用私募债券的风险进行分层，其中：优先级占比 80%，次优先级(劣后)为 20%。其次吸引不同资金类型共同参与认购，优先级认购人也即合格的机构投资者，包括企业主办银行的理财资金、保险资金等，可跨过制度门槛直接投资低风险、中等收益的私募债券产品并获得无风险回报；而次优级(劣后)的购买者为民间投资机构，以高收益吸引民间资本。购买次级债的投资者虽然承担了一定风险，但可能赚得更多，因为次级部分的收益率更高，而通常坏账率并没有那么多，足以覆盖风险。对次级投资者来说，最好的投资结果是，投资者获得巨额回报并得到企业股权；而最坏的结果则是，损失了资金但得到了企业股权。

3. 信用私募债的市场化定价

债券融资的期限一般在一年以上，大部分在 3—5 年，属于中长期资金来源。出于资金长期稳定性考虑，且不提供资产抵押、无强增信条件，中科赛思私募债每年的发债成本是 13.37%(3 年约 40%)，应属于较低水平。这其中包含，10%的票面成本，约 1%的其他费用(含会计师、律所费用)，2%的承销费用、信息披露费用。发债企业在低于沪深交易所私募债发行资质的前提下，实现堪比主板发债的基准融资成本，中科赛思私募债票面利率为 10.7%。而从 2012 年以来，浙江省各级政府纷纷出台支持中小企业债券融资的措施，对成功发行中小企业私募债的每家企业予以 30 万元或 40 万元以内的奖励，实际上还可以由政府补贴部分发债成本。随着融资渠道不断创新增加和利率市场化改革，资金价格仍有不小的回落空间，对降低中小企业债券融资成本无疑是利好。

4. 利用区域性股权交易中心融资平台

浙江股权交易中心成立于 2012 年 9 月，是浙江省为解决“两多两难”，促进经济转型升级而设立的区域性股权交易市场。浙江省级金融投资平台——浙江省金融市场投资有限公司为其大股东，持股 40%。“十二五”期间，浙江致力于打造中小企业金融服务中心和民间财富管理中心“两个中心”，浙江股交中心则是实现两个中心战略的重要载体。中新力合公司以其独特的中小企业债券融资创新实践,获得浙江股权交易中心2013年度优秀会员、年度最佳创新会员、年度最佳推荐商会员三项大奖①。

第三节 对"信用私募债模式"的评价

虽然"信用私募债模式"为中小企业尤其是科技型企业的债券融资开创了成功先例,但仍有一定的缺陷,主要体现在:

1. 私募债的销售难题

现在私募债发行中的最大问题就是"债券卖给谁",这对私募债承销商的实力是个考验。2012年6月中小企业私募债开始发行,呈井喷状态,但一个月以后便迅速降温,发行数量逐月下滑,投资者和发行主体的热情均大大降低。2014年3月,"11超日债"因无力偿还8980万元债息宣布违约,对中小企业私募债市场又产生了系统性冲击,加剧了私募债的销售问题。在交易所市场,也发生了已经备案通过的私募债因为卖不掉而发行失败的情况。私募债销售困难的实质问题还是债券资质的问题。中科赛思私募债的增信措施是母公司实际控制人担保+股权质押担保,其他私募债主要采用土地或房产抵押、第三方全额担保等增信措施。对新发的私募债来说,尽管采取了增信措施,能否销售出去仍是未知数。如何尽快完成组织销售是完善"信用私募债模式"的最大问题,突破此问题,我们认为私募债一定会再放量。

2. 结构化设计存在缺陷

结构化产品设计,即把债券分为不同偿付次序的两类或更多层次,使得优先偿付的债券具有较高的信用等级。结构化设计的缺陷其实是个老问题,早在20

---

① http://www.upg.cn/news.php.

世纪 30 年代,格雷厄姆在他的《证券分析》中就已经指出其中的原因:当债券出现违约时,企业的资产可能早就不足以清偿优先级债券了。结构化设计思路虽然没有完全被淘汰,但适用范围已经大为缩小:“1995 年以来,……美国……CBO、飞机租赁、移动房屋和商家品牌贷款等各类资产和以这些资产为基础资产的结构性产品,……要么是退出了结构性金融市场,要么是发行量大幅度下降。”因此,要重新审视债券用结构化设计来分担风险的有效性。

当然,以上主要缺陷并不是该模式本身带来的,而是中小企业债券本身固有的风险导致的。“信用私募债模式”在推动科技型中小企业债券融资上具有积极的借鉴意义。

第六章
科技型中小企业集合票据融资的成功案例

2012年2月,海宁市中小企业2012年度第一期集合票据成功发行。该次集合票据发行规模为7亿元,发行利率7.00%,由9家发行人组成,本次集合票据的承销商是中信银行。该次发行中小企业集合票据是该行的新突破,是目前中国银行间市场参与企业最多且融资规模近年来最大的中小企业集合票据,刷新了全国中小企业集合票据市场的纪录。

第一节 海宁市中小企业2012年第一期集合票据情况

发行集合票据这种融资模式,对于融资企业和投资方是双赢的。9家企业融资成本较同期银行信贷低,同时企业减少了贷款较为麻烦的手续流程。而从投资者的角度来看,由于本次发行获得了政府担保机构的担保,因此投资风险相对较低。

表6-1 浙江海宁集合票据联合发起人的具体情况

联合发起人	主体信用评级	募集资金额度(元)
海宁万盛沙发有限公司	BBB	50,000,000
吉恩仕控股有限公司	BBB-	95,000,000

续　表

联合发起人	主体信用评级	募集资金额度(元)
浙江阿波罗皮革制品有限公司	BBB	120,000,000
浙江宝峰热电有限公司	BBB−	30,000,000
浙江富邦集团有限公司	BBB−	60,000,000
浙江鸿翔建设集团有限公司	BBB+	85,000,000
浙江钱江生物化学股份有限公司	BBB+	140,000,000
浙江长海包装集团有限公司	BBB+	75,000,000
浙江中海建设集团有限公司	BBB−	45,000,000

集合票据需要保证发行票据的风险可控,所选的融资企业其信用级别应在BBB以上,以确保发行主体违约风险较低。经大公国际资信评估有限公司对9家融资企业进行信用评级,有4家公司的长期主体信用级别达到BBB−,相比较BBB级别来说即企业违约风险稍高,其违约风险稍高的原因,主要是由于近期行业竞争激烈,产品需求与原材料价格波动,以及公司债务负担较重等因素给公司经营发展带来不利影响。但考虑到经过不景气的时期后,生产经营恢复较快,签单回升,以及技术装备方面较强的竞争优势等因素将有助于改善公司收入和利润水平,进而增强公司偿债能力。因此这4家公司在未来依然具有较好的偿债能力,符合发行票据主体的资信状况要求,同时评级展望也为稳定,说明这4家企业具有一定的如约付息还本的能力。其余的5家公司都达到了BBB级及以上,说明企业违约风险一般,同时评级展望也为稳定,企业具有一定的如约付息还本的能力。

海宁中小企业集合票据根据经营业绩、偿债能力、经营行业和国家政策等条件筛选出不超过10家中小企业作为联合发行人,该期集合票据采取"统一产品设计、统一券种冠名、统一信用增进、统一发行注册"的方式共同发行7亿元的集合票据。浙江海宁中小企业集合票据的参与方主要包括政府、主承销商、融资企业、担保人和中介机构。

表 6-2　浙江海宁集合票据参与方情况

主承销商	中信银行
注册额度	7 亿元人民币
该期发行金额	7 亿元人民币
发行期限	366 天
收购承诺	中国东方资产管理公司
信用评级机构	大公国际资信评估有限公司
信用评级	增信机构主体信用级别 AAA
	该期集合票据信用级别 A-1

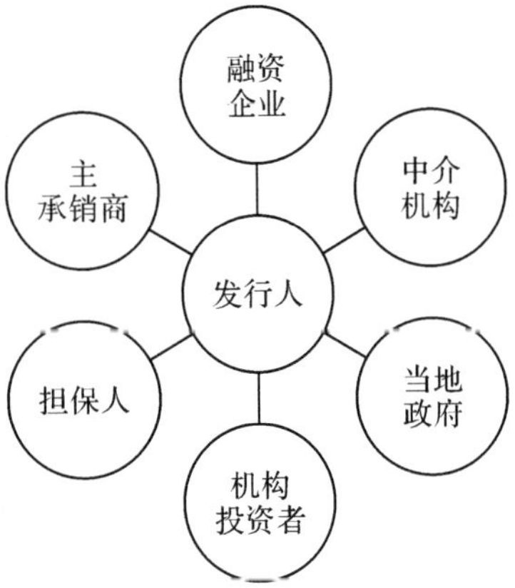

图 6-1　集合票据融资参与方关系图

（资料来源：中商顾问）

此次集合票据于 2011 年底获得交易商协会注册通过，联合发行人最初要求注册通过后立即组织发行，但中信银行杭州分行准确判断发行利率走势，坚持市场化定价原则，向发行人建议了 2012 年 2 月初为发行时间，最终的发行利率较 2011 年底时的市场利率降低超过 100Bps，有效地节约了中小企业的融资成本，获得了联合发行人的高度认可。

该期集合票据按百元面值发行，票面利率根据簿记建档结果确定。起息日为 2012 年 2 月 3 日,2 月 6 日上市流通。主承销商中信银行股份有限公司将组织承销团,并以余额包销的方式承销当期债券。

第二节　成功发行的关键因素

浙江海宁集合票据发行成功的关键因素有以下几点:

1. 采用信用级别高的大型企业担保以提高信用级别

信用增级也是发行集合票据过程中的一个重点环节。通过信用增级能够降低中小企业票据融资的成本。由于中小企业信用等级一般较低,市场接受程度普遍不高,因此设计出合理的交易结构和增信模式是决定中小企业集合票据能否顺利发行的关键。根据 9 家融资企业的资信状况分析可知,9 家企业中最高的信用级别仅为 BBB+,最低则为 BBB-,而本次发行集合票据的信用级别达到了 A-1。信用级别的提升不仅能够增强投资者的信心,使集合票据顺利发行,更重要的是它决定了企业能够以较低的融资成本进行票据融资。因此集合票据的信用增级是集合票据发行的关键问题之一,此次发行票据的信用增级过程如下:

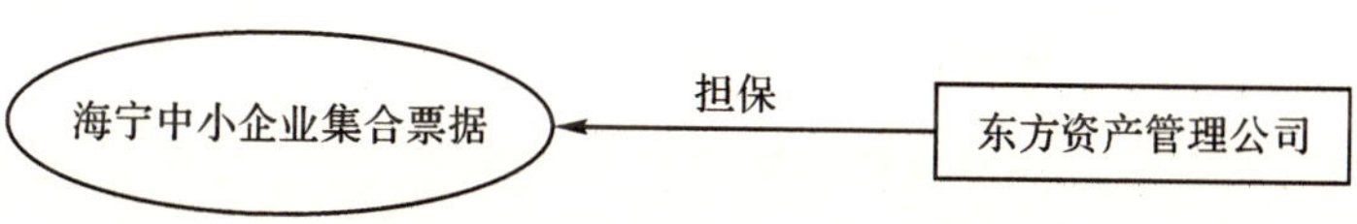

作为主承销的中信银行杭州分行经过反复论证沟通,决定采用信用级别较高的大型企业进行信用担保,提高企业的信用级别。具体操作方法是通过成功地引入东方资产管理公司作为债券的信用增进主体,将本次中小企业集合票据的债项级别提升至 A-1 级,同时由于本次信用增进服务费锁定在较低的区间,联合发行人的综合融资成本明显降低。

2.对联合发起人的相关筛选

从9家企业的规模和营收来看，都达到了中小企业发行集合票据的标准。一般包括以下几个条件：

(1)公司或企业成立时间在三年以上。

(2)公司净资产达到千万元以上，并且不应当低于在集合票据中的融资金额，同时要有与发行金额相对应的担保物或担保承诺。

(3)公司治理结构完善，经营状况良好，财务状况稳健，近三年连续盈利(也有一些集合票据发行仅要求上年度盈利)，发行票据公司必须具有连续三年完整的财务报告和审计报告。

(4)公司具有较好的发展前景，处于国家重点扶持的行业或领域，或在其所在行业中居于领先地位或具有良好的发展潜力。

通过以上4点可以对发行集合票据的企业进行初次筛选，通过初次筛选的企业将从财务状况、资信状况、经营行业和国家政策等几个方面进行进一步考察，从而筛选出融资企业。

第三节 融资方式的创新与突破

浙江省海宁市中小企业集合票据是省内首次发行的集合票据，相较于以往的中小企业融资方式有了很大的创新与突破，为省内中小企业融资开辟了一条新的道路。本次海宁中小企业集合票据的突破与优势具体有以下几点：

1.集群捆绑融资

目前由于规模小，缺乏相应的信用评级，我国中小企业普遍较难获得银行的认可，难以像国有大型企业通过银行贷款获得资金。此外由于单一小企业资产规模小，债券和票据发行量小，发行成功率低，易产生融资效率低下的劣势。本次集合票据将 9 个中小企业捆绑在一起,统一发行票据进行融资。不仅扩大了融资主体的多样性,分散风险,而且能够产生规模效应,打破以往单独融资难的困境。

2. 信用增进措施

以往的债券或者票据发行过程中,大多采用抵押担保的方式,对与债券和票据的违约仅有一层保护机制,对企业融资成本的降低极为有限。而本次集合票据的发行引进了国有企业东方资产管理公司作为债券的信用增进主体,对票据进行双重保险,从而大幅提升票据的信用级别,降低了企业的融资成本。

3. 银行承销

以往企业发行债券,主要由证券公司承销,实行包销制度,容易受到债券公司自身的经济限制。而海宁市中小企业集合票据由中信银行进行承销,并在银行间市场销售,实行包销制度,市场大,资金雄厚,销售能力较强,提高了票据发行的成功率。

4. 政府大力扶持

该次海宁中小企业集合票据的发行,政府作为牵头人和协调人,负责组织并初步筛选出一批适合的中小企业组成集合发行人。作为集合票据发行的关键步骤,发行人直接决定了集合票据的整体质量的好坏。政府对省内的中小企业经营状况有较为充分的了解,政府的初次筛选有利于保证集合票据的质量;其次有了政府的支持和协调,对票据发行的准备工作,如信用评级、信用增级、审计、法律等提供了便利,对票据的发行起到了宣传作用。

5. 注册发行免固定资产审批

与银行贷款、集合企业债券相比,中小企业集合票据具有多重优势。该票据允许多个企业打包发行,上市和未上市企业,国有、民营、合资等各类型企业均可参与发行。发行人数量、募资规模、担保方式等均可灵活掌握。募集到的资金可用于固定资产投资、补充营运资金、偿还银行贷款、优化资金结构等。

另外,采用注册发行方式,相对企业债而言,不需固定资产投资项目审批等环节。通过统一信用增进,可享有与大型企业债权同等水平的发行利率。9家海宁企业本次募集到的资金都为置换银行贷款以及补充生产经营活动所需营运资金[①]。

6.有效优化融资结构和拓宽融资渠道

浙江海宁集合票据是目前浙江银行间市场参与企业最多且融资规模最大的中小企业集合票据,它的成功发行,为海宁市中小企业拓宽融资渠道、优化融资结构探索了一条新路。

中小企业集合票据成功发行,不仅进一步缓解了中小企业融资难、融资贵,还在于集合票据这一独特的融资方式,能有效帮助中小企业融资实现由贷款向债券、由本地向全国、由单一个体向集合捆绑、由资产抵押向信用增进的突破,在融资规模、期限、成本和激励等方面有别于传统银行信贷,对改善中小企业融资模式意义深远。

该期集合票据所募集的资金将用于降低联合发行人融资成本,提高资金使用效率,以及提高直接融资比例和优化融资结构。

第四节　值得警示的风险[②]

该集合票据发行对中小企业来说,在融资渠道上是一种突破,也是一种创新,但海宁市中小企业集合票据也有其固有的风险,值得发行人和投资者警示。

1.该期集合票据的投资风险

(1)利率风险。该期集合票据的利率水平是根据当前市场的利率水平和该期集合票据信用评级制定的。受经济形势和国家宏观政策等因素的影响,市场利率存在波动的可能性,利率的波动将给投资者的收益水平带来一定的不确定性。

---

① http://www.cnjxol.com/xwzx/jxxw/szxw/content/2012-02/22/content_1933.

② http://pg.jrj.com.cn/acc/CN_DISC/BOND_NT/2012/01/20/Is000000000000052uhq.pdf.

(2)偿付风险。该期集合票据由东方资产对集合票据持有人出具不可撤销的收购承诺函。该期集合票据本息的按期偿付取决于联合发行人和收购承诺人的经营状况。

①联合发行人偿付风险。该期集合票据为 9 家企业联合发行,在该期集合票据的存续期限内,如果由于自身的风险、不可控制的因素,或市场环境发生变化,任一发行人的现金流与预期有可能发生一定偏差,其兑付能力的变化将可能影响该期集合票据本金及利息的正常兑付。

②担保偿付风险。在该期集合票据存续期内,如遇政策、法规或行业、市场等不可控因素对东方资产的经营活动产生重大负面影响,或者收购承诺人由于经营不善等问题导致履约能力下降,由于经营范围发生变化等原因,而导致未能按期、及时履行代偿责任,则可能影响该期集合票据按时足额偿付本息。

(3)流动性风险。该期集合票据发行后将在银行间债券市场进行交易流通,但联合发行人无法保证该期集合票据在银行间债券市场的交易量和活跃性,债券流动性偏低可能导致投资者在债券转让和临时性变现时面临困难。

2.该期集合票据所特有的风险

(1)集合发行风险。该期集合票据由浙江省海宁市 9 家中小企业联合发行,各发行人的生产经营能力和管理水平不尽相同,且风险转移能力相对较弱。如果任一发行人生产经营出现问题,可能将对该期集合票据的本息兑付产生一定的负面影响。

(2)区域集中风险。9 家联合发行人均位于浙江省海宁市,如果海宁市有关企业发展的政策或者该地区经济环境发生变化,将可能对联合发行人的正常生产经营产生影响。

(3)行业集中度风险。9 家联合发行人中涉及服装皮革大行业的发债企业有 3 家,涉及建筑大行业的企业有 2 家,另外 4 家企业分别属于贸易流通、热电、包装和生物农药。总体看,9 家发债企业所属行业存在一定关联度,风险相对集中，面临一定的行业集中度风险。

(4)信用增进机构风险：

①商业化转型后业务发展模式的政策性风险。东方资产成立于1999年，成立时约定存续期为10年，目的为解决商业银行不良贷款。东方资产转型方案已上报监管层，政策性业务和商业化业务分离，但转型方案还没有获得监管层的最终审批。东方资产的最终改革转型成功与否还存在政策上的不确定性，公司未来的发展存在一定的政策性风险。

②商业化转型后业务发展模式的竞争性风险。东方资产在处置政策性不良资产业务方面积累了一定的经验，但转型面临的商业化业务市场化程度较深，竞争对手众多，东方资产面临较政策性业务完全不同的业务发展模式和市场竞争环境，存在一定的竞争性风险。

③多元化业务经营模式的管理风险。东方资产从成立时只从事政策性不良资产的处置业务到目前从事包括政策性不良资产处置、商业化不良资产处置、证券、租赁、评级、资产管理、信托等业务。业务的多元化对东方资产分散风险、拓宽收入来源等具有重大意义，但多元化业务的迅速发展必将对其管理能力、专业能力带来一定的挑战。如果东方资产在业务模式迅速发展的背景下其管理以及专业人才队伍建设等方面没有及时更新提高，则其未来的发展将存在一定的风险。

3.联合发行人的相关共性风险

(1)资产抵质押风险。联合发行人为了满足生产经营发展中的资金需求，通过抵押或者质押方式向银行借款。如果任一发行人不能及时偿还相关借款，债权银行可能对被抵押的资产采取一定的保全措施，从而可能影响到任一发行人正常的生产经营。

(2)市场竞争风险。任一发行人在其各自行业内都面临着来自国内外对手的竞争，这些竞争对手可能在专业技术、人员、资金、品牌、战略等方面具有较强的领先优势。任一发行人在发展的过程中，将面临市场竞争加剧的风险。

第三篇　理论与实证

第七章
科技型中小企业债券融资问题的研究综述

国内外对中小企业债券融资问题的相关研究文献显示，中小企业融资难的根本原因是信息不对称，债券融资的创新研究就主要是针对如何增信问题，我们对文献进行梳理综述，作为本研究项目的经验借鉴。

第一节　中小企业融资难题

1. 中小企业的融资结构及理论发展

企业融资来源是一个相对古老的话题，最粗略的分类可以分为外源性融资和内源性融资，而外源性融资又可以进一步分为股权性融资和债务性融资。内源性融资成本低、自主性强，其最大局限是受企业盈利能力限制，规模有限。中小企业在快速发展期必须借助于外源性融资。

有关调查显示，我国中小企业的融资次序大致为内源性融资（企业自身积累）、银行或信用社贷款、亲戚朋友借款、民间借贷等。可见，国内中小企业融资结构中，以企业自身积累和银行贷款为主。这和世界上其他主要国家并没有太大的区别。Bernanke 和 Blinder(1992)、Cressy 和 Olofsson(1997)、N Berger 和 F Udell(1998)、Meyer(1998)等的研究也都说明，银行贷款是中小企业外源性融资的最主要渠道。即使在资本市场最发达的美国,贷款仍然是中小企业最主要的外部融资渠道,而垃圾债券是最重要的直接融资渠道。[①] 这也是为什么国内外中小企业融资的大量文献集中于银行信贷的原因。

企业融资结构的理论以 Modigliani 和 Miller(1958)提出的"MM 理论"为分水岭,可以分为早期资本结构理论和现代资本结构理论两个阶段。早期对企业融资结构的研究基本基于如何建立最优资本结构,以实现企业价值的最大化,但没有考虑所谓最优资本结构的可实现性。最初的"MM 理论"认为,如果不考虑所得税的影响,企业的总价值不受资本结构的影响。也就是说,从企业价值的角度出发,内源性融资和外源性融资是一样的,债务性融资和股权性融资也没有区别。学者们对"MM 理论"进行了修正,加入了所得税因素。得出的结论认为企业负债经营可以获得"税收节约"效应。学者们研究企业资本结构通常以"MM 理论"为起点。

然而,"MM 理论"显然还属于早期资本结构理论,但对于中小企业来说,外部融资始终存在困难。中小企业更加关心的是能否筹集到发展所需的资本,所谓的"税收节约"效应就显得比较次要。随着信息不对称理论、委托代理理论、契约理论等的发展,人们日益重视在信息不对称条件下审视企业的融资问题。这对中小企业融资来说,无疑更具现实意义。

Jensen 和 Meckling(1979)开创了融资结构的契约理论,以此为起点,逐渐发展起来企业融资结构的激励理论、信息传递理论和控制权激励理论。

20 世纪 80 年代以后,随着制度经济学的发展,信息不对称原理被引入进来,为融资结构理论的研究开拓了一片广阔的新领域。Myers (1984)较早地在信息不对称条件下发展了企业融资优序理论。该理论说明了信息结构对融资次序的影响,认为企业偏好的融资顺序一般会遵循内部融资——债务融资——权

---

① 蔡万科、唐丁祥:《中小企业债券市场发展:国际经验与创新借鉴》,《证券市场导报》2011 年第 12 期,第 61 页。

益融资的次序,也被称为“啄食顺序融资原理”(Pecking Order Theory)。有关统计调查印证了这一顺序的存在。

信息不对称原理的另一应用是针对企业生命周期提出的融资周期理论。N Berger 和 F Udell (1998)认为中小企业由于信息不透明,多依赖内源性融资、贸易融资,或者天使投资等。当企业发展起来后,可以获得间接融资,最后才是权益和债务性直接融资。这个融资变化的顺序主要受制于信息不对称程度。如,初创期企业资产规模小,缺少业务记录,财务、税务等情况不清楚,企业信息处于封闭状态,也无法向外传递,外源性融资几乎不可能;随着企业的发展,业务迅速增加,企业发展亟须外源性资金。同时,税务和财务记录相应增加,投资者更容易获得企业的信息,外源性融资逐渐具有可操作性。Rajan 和 Zingales (1996)、Holmstrom 和 Tirole (1997)等也认为,企业的融资来源在发展过程中要经过三个演进阶段。

2. 中小企业融资难的原因

从现有文献来看,中小企业融资难的主要原因大致归结为三个方面。即,企业自身存在的缺陷、金融体系不完善,以及制度不够完善。而信息不对称,以及由此导致的“逆向选择”(事先)和“道德风险”(事后)问题,通常被看作是中小企业融资难的一个更加根本性的原因。

(1)根本原因——信息不对称。

①信息不对称理论在企业融资中的应用。

信息不对称在企业融资中的应用可以追溯到 20 世纪 70 年代,主要应用在信息不对称条件下的信贷问题。Akerlof (1970) 建立了一个“柠檬市场”模型来分析信息不对称下逆向选择对市场的破坏。该模型说明,在融资过程中,中小企业在信息不对称情况下倾向于提供虚假信息,以获取额外的机会收益。这些收益表现在多方面,如投资于高风险项目,私下改变资金用途,选择性破产逃避债务,提供“有水分”的抵押品,等等。Stiglitz 和 Weiss (1981)将信息不对称条件下的中小企业贷款问题分为“逆向选择”和“道德风险”,并指出最显著的表现是“信贷配给”现象。N Berger 和 F Udell (1998)指出了中小企业和银行间信息不对称的最大问题在于中小企业财务状况缺乏透明度。La Porta, Lopez-de-Silanes 等 (2001),以及 Beck, Demirguc-Kunt 等 (2004) 则从银行角度指出了信息结构对资金成本和信贷契约执行的影响。

总的来说,从信息不对称的角度来看,企业的融资能力依赖于企业向资金提供者传递信息,以及对方对企业所传递信息的信赖程度。进而涉及哪些信息是容易传递,且容易被信任的。通常,企业规模、经营时间、财务和税务记录、拥有的可抵押或质押财富规模,以及潜在获取资金的渠道等是资金提供者经常考虑的指标。而企业发展的不同阶段,这些指标也体现出不同的特点。

②信息不对称与信贷配给。

信贷配给理论是信息不对称在企业融资中最著名的应用。Jaffee 和 Russell (1976)、Baltensperger (1978)等较早地提出了信息不完全和信贷配给的问题。信贷配给可以描述为如下现象:即使愿意支付合同中所有价格(利率)条件和非价格条件,某些借款人的贷款需求还是得不到满足的情形。即使银行不断提高利率,信贷需求仍然会超过供给,这说明这种情形并不是利率管制造成的。

针对信贷配给的形成机制,有着众多的解释,其中 Stiglitz 和 Weiss (1981)以信贷市场信息不对称为条件的理论模型最为著名。该模型认为信贷配给产生的基本原因是信息不对称引起的逆向选择和道德风险。在无法分辨单个借款者风险的情况下,面对超额贷款需求,银行不会简单地提高利率。因为此时简单地提高利率,往往会加重逆向选择,提高利率减少了优质客户的贷款需求,增加了高风险的投机需求的比重,从而增加银行贷款的整体信用风险,最终可能得不偿失。因此,这个时候银行往往采用低于竞争性均衡的利率水平,并采取利率之外的手段来鉴别谁是合适的贷款者。这必然导致两种结果:第一,在所有贷款申请中,只有一部分人能获得贷款,而另一部分人得不到贷款。越不能提供令银行满意的信息的申请者得不到贷款的可能越大,而相对来说中小企业提供银行满意信息的能力更小。第二,对于特定的贷款申请人,可能只能满足部分贷款要求。而贷款满足的比例程度,也同样受其能提供的令银行满意的信息限制。同样,中小企业仍然处于信息弱势。综上可以较为清楚地解释,在信息不对称条件下中小企业融资的困难问题。

Bester (1985)、Williamson (1986),以及 Hazard 和 Rationing (1986)等进一步发展了信息不对称条件下的信贷配给理论。即使在风险中性的条件下,银行的抵押品要求同利率一样,可以成为造成信贷配给的原因。对于风险中性的借款人而言,抵押品数量和质量要求的增加同样可能导致逆向选择现象。

国内学者在结合本国实际的情况下,也多从信息不对称角度出发进行研究,类似文献数量众多,如胡红星和张亚维 (2005)、林毅夫和孙希芳 (2005)等。

(2)具体原因——三个主要方面。

①中小企业自身原因。

众多研究中小企业问题的文献都会提到中小企业自身存在的问题,如张捷 (2002)、周兆生 (2003)、杨丰来和黄永航 (2006)等。归纳起来,主要问题表现为:中小企业规模小、信息不透明、财务制度不规范、经营和税务记录少。更重要的是中小企业出于生存或竞争需要,具有强烈的隐瞒真实信息的内在倾向。在融资过程中,中小企业的这些自身特征加剧了信息不对称,使出资方要求增加利率,甚至不愿意向中小企业贷款。马九杰和毛旻昕 (2005)从实证角度证明了企业固定资产比例、盈利能力、产品销路,以及企业管理层的受教育程度等对中小企业贷款产生影响。类似的研究还有周月书和褚保金 (2009)。

大部分相关文献也指出,完善中小企业治理结构是解决中小企业融资难的关键因素之一,不过很少能提出具体的措施。毕竟这些所谓"问题"是中小企业所特有的,治理结构完善的企业就不再具有中小企业的特征了。

②金融体系的原因。

许多文献从中外中小企业融资情况对比的角度,提出了国内金融体系存在的问题。主要观点是中国金融体系不够健全,与中小企业相适应的融资渠道欠缺。

林毅夫和李永军 (2001)提出了通过发展中小金融机构来满足中小企业融资的建议,李志 (2002)用理论模型验证了中小金融机构在中小企业融资中的优势。景玉琴 (2004)主张建立政策性金融体系,林毅夫和孙希芳 (2005)则关注到非正规金融在信息上的优势,郭斌和刘曼路 (2002)以温州为例介绍了民间金融在中小企业融资中的作用。另外,何韧、刘兵勇等 (2012)通过实证证明,"银行业市场竞争的加剧对中小微企业贷款会产生显著的不利影响"。

我们认为,经过多年发展,国内融资渠道已经初步实现多元化,但是新发展起来的融资方法都比较粗放,有待于进一步完善。

③制度相关的原因。

徐洪水 (2001)以宁波为案例,较早地从制度角度研究了中小企业融资问题。提出,中小企业群体信用短缺,政府的努力不对称,国有银行收益不对称和激励不对称,自己的过度需求等原因,并提出了相应的五条建议。王朝弟 (2003)强调了国有银行与中小企业在融资制度安排上不对称,以及金融改革、体制转换、通货紧缩强化了对中小企业的政策歧视。何韧、刘兵勇等 (2012)从实证角度证明了地区经济发展水平和金融深化程度对中小企业融资存在影响。大部分相关文献也会提到制度方面的原因,不过多点到为止。

3.科技型中小企业融资难题

科技型中小企业是中小企业的一类特殊群体,因此科技型中小企业融资难问题与一般中小企业具有很大的相似性。其特殊性体现在科技型中小企业的行业前景更广阔,但个体经营风险也更大。

从现有文献看,国内直接以科技型中小企业融资为研究对象的文献不多,且多与一般中小企业融资问题雷同。大致可以分为三个类型:其一,介绍国际经验,如邓彦(2007)、王成志和徐鑫(2014)等,基本上可以分为以美国为代表的市场主导模式,以德日为代表的银行主导模式,以及政府主导的韩国模式。其二,分析融资难的原因以及改进方式，主要包括如何完善担保体系，如王真(2010)；如何完善评级制度，如路遥(2012)；政策如何支持，如汤继强(2008)；等等。其三，具体融资方式的研究，主要包括银行贷款、其他债务性融资和股权性融资。相对于一般中小企业来说，银行贷款方面主要是政策支持，没有更多的创新之处。股权性融资创新，主要从企业生命周期角度出发，分析风险类权益投资融资模式。这类研究非常丰富，也是最体现"科技型"特征的，但不是本课题研究的方向，这里从略。债券类创新是最近几年的主要方向，也是政策支持的重点，在下一部分详细综述。

第二节　中小企业融资模式创新

1. 消除或缓解信息不对称的相关研究

作为中小企业融资难的根本性原因，如何消除或缓解信息不对称是一个主要的研究方向。鉴于中小企业外源性融资主要是贷款，因此研究主要围绕贷款形式展开。但正如 Stiglitz 和 Weiss (1981)所言，相关研究成果对其他形式的融资模式也基本适用。包括两方面的主要成果，一方面是如何降低银企双边的信息不对称，着眼于信贷技术的革新，如关系贷款理论；另一方面是通过第三方缓解信息不对称，主要是各类增信模式理论，包括第三方增信、内部增信和社会信用体系。

(1)信贷技术和关系信贷理论。

根据贷款特征的不同，学者们将银行贷款分为"交易型贷款"和"关系型贷款"。交易型贷款多为一次性贷款，而关系型贷款是一系列贷款过程。相对来说，银行在关系型贷款过程中，对企业保持更加密切的关系，前期贷款的执行结果对后续贷款具有重要甚至是决定性的影响。因此可以将一系列贷款看成一个隐含的长期合约，银行在与企业的长期合作中获得更多的信息，信息不对称程度会相对下降。银行也必须为长期合作监督开发相应的技术，Berger 和 Udell (2002)将银行开发的相应贷款技术归纳为四类：财务报表型贷款、抵押担保型贷款、信用评分技术贷款和关系型贷款。

银行在贷款的过程中需要掌握企业相关信息，企业为了获取贷款也需要向银行传递信息。Berger 和 Udell (2002)将信息区分为"硬信息"和"软信息"两类。其中，硬信息是那些易于表达、易于量化和易于传递的信息，反之则为软信息。他们进一步将硬信息和交易型贷款联系起来，将软信息和关系型贷款联系起来。显然，大企业管理规范，拥有硬信息，而中小企业则多为软信息。中小企业为了让银行接受它们传递的不易表达、量化和传递的软信息，必须与银行保持长期紧密的相对封闭的关系。换句话说，企业只能相对固定地与少数几个银行，往往只有一两家，打交道，即所谓"关系贷款"。Boot, Greenbaum 等 (1993)提出了类似观点。一些实证研究也支持了以上观点，Harhoff 和 Körting (1998)发现，德国中小企业大部分只与一两家银行建立长期借贷关系，很多中小企业三分之二以上的资金来源于同一家银行。

对于关系型贷款的成本问题，学术界存在分歧。Boot 和 Thakor (1994)认为，关系型贷款期初会支付一个高于市场利率的成本，并可能需要提供抵押物，但随后的成本会因"长期关系"的加强而降低。Berger 和 Udell (1995)、Harhoff 和 Körting (1998)、Machauer 和 Weber (2000)等持有类似观点。而 Sharpe (1990)和 Rajan (1992)则认为，银行的事后信息优势使得银行具有垄断地位，企业如果要寻找新的贷款者，需要付出转换成本(switch cost)，因此关系型贷款的成本不会降低。一些实证研究的结论比较支持前者观点，如 Harhoff 和 Körting (1998)发现，有银企信赖关系的企业贷款利率相对要低 0.48 个百分点，而且银企借贷关系的持续时间与企业贷款的可得性正相关，与抵押要求负相关。Berger 和 Udell (2002)发现与银行建立长期关系的中小企业较少提供抵押或担保。

研究还表明，中小金融机构向中小企业贷款的比重要远高于大型银行，说明中小金融机构在通过关系型贷款降低风险，提高中小企业贷款的效率上具有相对优势。

(2)第三方信用和各种增信新方式。

第三方增信相关研究经历了一个从个别增信(消除信息不对称)到社会征信系统(增加信息透明度)的发展过程。

①个别增信模式主要指各种担保、抵押和质押等机制设置。Akerlof (1970)指出，担保是消除信息不对称的有效机制之一。Stiglitz 和 Weiss(1981)认为，固定资产抵押有助于解决逆向选择并能避免银行的信贷配给，而担保可视为银行对借款人事后道德风险问题的一种保险机制。CHAN 和 Thakor (1987)持有类似观点。实证研究也表明抵押、质押和担保贷款的比重日渐增加。Bester (1987)认为抵押品可以用来甄别贷款风险类型，银行通过监测企业对抵押品数量变动的反应敏感程度来分离高风险贷款项目。但是 Wette (1983)也指出，在风险中性假设下，提高担保要求可能增加逆向选择风险。

由于中小企业普遍存在禀赋不足，无法提供银行要求的抵押品质押品，因此第三方担保成为主要研究的方向。但是中小企业在寻找第三方担保时也存在困难，因此，有学者提出设置具有信息优势的专业的担保机构来解决中小企业担保问题。较早的研究如 De Meza 和 Webb (1987)。

②社会征信体系建设是另一个研究方向。各国央行都有企业征信数据库，但央行征信系统主要针对"硬信息"。中小企业融资中的信息不对称，关键在于信息的传递能力，而会计信息通常是比较"硬"的信息，因此建立符合中小企业的社会征信体系，主要方向在于完善中小企业的会计信息。Beck, Demirguc-Kunt 等 (2004)认为，会计准则和可信赖的独立会计师事务所对于企业财务报表的信息含量至为关键。信息共享可有效降低信贷时间、成本以及坏账率。经验研究表明，信息共享程度与一国信贷风险水平负相关。

③随着制度经济学的发展，"社会资本"概念被引入到企业信用领域。所谓社会资本是指个体或团体之间的关联——社会网络、互惠性规范和由此产生的

信任，是人们在社会结构中所处的位置给他们带来的资源。社会资本意味着遵守信用可以得到“社会激励”，反之会遭受“社会惩罚”。Healy 和 Palepu (2001)对相关研究进行了回顾。Guiso, Sapienza 等 (2002)甚至认为社会资本决定了信任水平。

此外，在金融工程发展的基础上，“内部增信”模式在实践中广泛地运用开来，主要方式是对中小企业债务资产进行各种形式的分级。但这种模式也是导致 2007 年次贷危机的罪魁祸首，今后发展有待观察。

2. 完善制度环境的相关研究

关于制度环境问题，现有研究主要包括三个方向：第一，引入竞争机制；第二，发展与中小企业相适应的金融机构和融资模式；第三，从法制建设上降低信用风险。

(1)竞争机制。

Gelos 和 Werner (2002)通过研究 20 世纪 90 年代墨西哥金融自由化样本，发现金融自由化带来的竞争在一定程度上改善了中小企业的融资条件。但金融市场竞争与中小企业贷款问题之间是否存在相关性仍存在分歧。有观点认为过度竞争有可能造成银行经营的不稳定。随着银行数目的增加，银行会选择风险更大的投资，损失的概率也就越大(Allen,2004；Marcus,1984)。

Farinha 和 Santos (2002) 认为市场力量使银行和中小企业保持隐性长期合约关系。Beck, Demirguc-Kunt 等(2004)认为贷款集中度效应因贷款技术和经济环境的不同有所不同，市场竞争对中小企业信贷可获性应结合环境和贷款技术。而以上所述关系借贷理论认为市场集中度与中小企业信贷可获性正相关。Diamond 和 Rajan (2001)还发现，当银行的市场力量增加时，信用级别相对较低的小企业也有可能获得贷款支持。

(2)适应的融资模式。

与中小企业适应的融资模式主要包括发展中小金融机构和发展民间融资两

个方向。DeYoung 和 Nolle (1996) 比较了大银行与小银行的技术和竞争力，提出小银行应该以发展关系型贷款为主。林毅夫和李永军 (2001)是国内较早呼吁发展中小金融机构满足中小企业融资的。这方面的研究主要观点是，中小金融机构相对于大银行拥有信息上的优势。如 Banerjee，Besley 等 (1994)提出，"长期互动"假说和"共同监督"假说。前者认为中小银行由于地域性和社区性特征，可以通过长期与中小企业保持密切联系获得各种"软信息"。后者认为即使中小金融机构不能真正掌握中小企业的经营状况，但合作组织中的中小企业为了获取共同利益，相互之间会实施自我监督。Berger 和 Udell (2002)也认为中小银行在关系型贷款中的优势。与大银行相比，小银行能更好地解决权力下放的相关问题，有助于贷款人员获取软信息。郭斌和刘曼路 (2002)、严谷军和何嗣江 (2002)则结合浙江温州的典型情况进行了相关案例研究。

民间金融是一种"非市场制度"，指发生在现有的各种正规金融机构之外，不受监管当局监督的金融交易。相关研究指出，由于金融抑制，正式金融市场不能满足中小企业发展形成的融资需求，体制外民间金融市场应运而生。由此，民间金融在发展中国家具有重要作用。Aliber (2002)发现民间金融在乌干达和印度的非正规企业发挥着远远大于正规金融机构的作用。罗丹阳和殷兴山 (2006)的研究重点结合了国内民营经济和民间金融。国内对民间金融研究的文献颇多，不过泛泛而谈者居多。

(3)制度环境。

制度环境的内涵极为丰富，其中法治属于正式制度，正式制度在中小企业融资效率方面也有所涉及。Ordover 和 Weiss (1981)就证明在信息不对称条件下，政府的某些禁令可以提高信贷资源的配置效率。La Porta，Lopez-de-Silanes 等 (2001)，Beck，Demirguc-Kunt 等 (2004)研究了产权保护和信贷契约执行之间的关系，认为法律环境会影响信贷效率。鉴于我国目前处于金融体制改革的过程中，国内学者更多地从金融体制和金融结构的视角来研究其对中小企业融资问题的影响，如罗丹阳和殷兴山 (2006)、林毅夫 (2004)等。

3.我国中小企业融资模式创新的研究

国内研究中小企业融资难问题相对起步较晚,纯理论的创新很少,主要特征是结合国内实际的应用模式创新性研究,且多数以信息不对称为研究出发点。大体上可以把国内学者的众多创新模式归为三个方向,即债务型创新、权益型融资创新、信托型融资创新。

(1)债务型融资。

债务型融资创新是中小企业融资创新的最重要方向,主要分为贷款和债券,这里仅总结贷款相关研究,债券融资是最近发展的重要方向,在后面专门叙述。从信息不对称角度出发,国内贷款创新仍然属于关系型贷款范畴。重点突出了区域性中小银行在中小企业“软信息”获取上的优势,并提出相应的政策建议。如林毅夫和李永军 (2001)、张捷 (2002)、罗正英 (2004)等,这方面的文献最多,但也最缺乏创新性。民间借贷是另一个债务性融资创新的研究领域,相关理论应用与中小金融机构类似。

另一种从实践成长起来的中小企业债务性融资模式是所谓“集群融资”,指若干中小企业通过股权或协议建立集团或联盟,通过合力减少信息不对称,降低融资成本,相互帮助获取资金的一种融资方式。这种融资模式有效地降低了信息不对称问题,但相对“草根”的融资模式也存在一些缺陷,一些学者对此进行了分析,如杜传文 (2011)、洪金镖 (2005)、安合祥 (2003)、陈晓红和吴小瑾 (2007)等。最主要的问题是系统性问题,也就是所谓“地域根植性”导致的高(连带)违约性风险。

贷款过程中的信用增级是国内研究较有特色的内容。重点在于各种担保模式的构建。在实践上,各种民间担保机构一度风起云涌,而理论界较为主流的观点是建立政策性主导的信用担保体系,但也存在一些不同意见。这些意见涉及一些具体的问题,具有操作意义。如林毅夫和李永军(2001)提到担保机构对中小企业的甄别和监督问题。付俊文和赵红(2004)、郝蕾和郭曦(2005)、杨胜刚和胡海波(2006)等注意到政府担保机构中中小企业逆向选择问题。此外,学者们也注意到了社会征信体系的作用，许多人提出了建立中小企业征信体系的构想，如张捷和王霄(2002)、肖晨(2005)，龚柏新(2008)等。

(2)权益型融资。

早在10年前就有学者提出，我国中小企业融资难与直接融资渠道狭窄有关，如王海之 (2001)、陆岷峰 (2009)等。陈晓红 (2001)、王国刚 (2005)等探讨了中小企业股权融资和二板市场建设问题，冯用富 (2001)甚至已经考虑到二板市场的做市商制度问题。但林毅夫和苏剑 (2000)、林毅夫和李永军 (2002)认为“我国二板市场缺乏合格的上市企业资源”。当然十多年过去了，情况早已发生变化。中小企业板和创业板市场都已经建立起来，但整体证券市场并不活跃(包括主板)，我们没有发现相关文献认为创业板或者二板市场的不活跃与中小企业本身特征之间存在内在联系。

一些实证研究结果多支持创业板和中小板对中小企业发展的正面作用，如沈海平和吴秋璟 (2010)、陆国庆 (2011)、万平和陈共荣 (2008)等。另一些实证研究则支持私募股权(PE)投资对中小企业发展有利的观点，如朱静 (2011)、向群 (2010)等。

(3)信托型融资。

中小企业通过信托渠道融资是最近几年开始的，一些沿海民营经济发达的省份正在进行各种试点，如浙江杭州市在2008年发行了“平湖秋月”小企业集合债权信托基金。中小企业信托融资本身是信托型融资方式在中小企业的运用，相对来说理论创新少，文献不多。但应用性强，且具体融资模式灵活，适应性强，目前还在不断摸索变化之中。魏良华 (2006)较早提出了中小企业信托融资渠道的想法。陈涵 (2011)对广东省中小企业信托融资的实际情况进行了总结，并对各种信托类型进行了粗略的介绍。

另外一些新兴的融资创新模式，也可以归入类信托模式，如金融租赁、P2P金融、互联网融资以及影子银行等等，都打有信托的烙印。这方面的文献包括郭美文和曹昱 (2010)、徐军辉 (2013)、侯健 (2012)等。

第三节　中小企业债券融资相关研究

邱华炳和苏宁华 (2000)是较早提出民营企业(主要是中小企业)债券融资的。但中小企业的债券融资真正被重视是最近几年的事情。鉴于信息不对称，以及由信息不对称导致的数据难以获取,中小企业的债券融资集中于两头——纯理论研究和纯实践操作,实证研究极其匮乏。我们从理论研究和实践创新两个部分进行综述。

1.理论研究

风险溢价是中小企业债券定价的基础,也是理论研究的主要方向。苏淑纯和欧静 (2006)应用期权定价理论分析了优先级和次级债券之间的风险溢价差问题。张雪莹 (2006) 从实证角度检验了交易所国债的期限风险溢价,钱一鹤和金雪军 (2013)也从实证角度检验了中期票据市场风险溢价的合理性,说明我国债券市场的风险溢价机制已经比较成熟。这些为数不多的文献从侧面研究了中小企业通过债券融资的定价问题。我们没有发现直接以中小企业债券为研究对象的实证文献。①

中小企业债券的影响因素是另一研究方向。由十中小企业的类债券的高信用风险,投资者行为是不得不考虑的内容。周颖 (2009)从投资者风险收益角度构建了理论经济模型,并用数据包络法(DEA)对比分析了中小企业集合债、银行贷款,以及民间融资三种模式的融资效率。张琦和陈晓红 (2010)建立了信用风险跳跃模型,通过引入几何衰减函数作为违约强度,研究中小企业集合债的定价问题,并进行了仿真模拟。

---

① 我们对中小企业债券的风险溢价以及流动性问题进行了实证研究。

2. 实践创新

中小企业债券融资的实践创新可以分为全国性创新和地区性创新两类。

全国性的中小企业类债券大致包括以下几类：中小企业集合债、中小企业集合票据、中小企业私募债、小微企业金融债、中小企业集合信托、中小企业集合短期融资券。

中小企业集合债和中小企业集合票据体现了政府信用，到目前为止出现了几次支付危机（如10中关村债、11常州中小债等等），但由于行政力量的介入得到了化解。集合债实行审批制，由发改委主管，自2012年4月起基本处于停滞状态；集合票据实行注册制，由银行间市场交易商协会主管，发行较多。中小企业集合票据还有进一步的创新——“区域集优”模式。

小微企业金融债本身是金融债券，体现的是银行的信用，同时也是一种资产证券化形式。目前小微企业金融债发行还不是很多，但该模式将银行信贷和债券融资结合起来，是一种复合型创新模式。

以上三种债券均在全国银行间债券市场交易，但流动性很差。中小企业私募债由证监会主管，在交易所交易，相对于集合类债券，私募债大大降低了组织成本，另一个主要的创新在于不完全担保制度和备案制度，大大方便了中小企业债券融资，相对来说是最活跃的中小企业债券融资模式。

地区性的债券融资模式可以说五花八门，但大致可以归类为信用增级创新和融资渠道创新两大类。以浙江省为例，前者包括政策性担保、第三方回购承诺、区域集优、风险缓释基金等，后者包括P2P、B2P等。地方性创新模式的最大弱点在于没有理论支持，基本属于“摸着石头过河”，如最近P2P模式的违约风险开始凸显，筹资方“跑路”率在10%以上①。最近的众筹模式是一种B2P形式创新，引入了地方性交易所等信用，增加了相关信用调查，可以算是P2P的升级版。

---

① http://jr.cnhubei.com/html/2014/jinrong_0910/29125.html.

第四节　简要评价

经过梳理,我们发现中小企业融资难问题的研究大致可以归纳出以下几个特征。

首先,相关文献虽然众多,但大致可以归为两大类,一类是探讨中小企业融资难的原因,而融资难的根本性原因在于信息不对称。另一类是进行相应的融资创新,传统的创新方向以如何增级信用为主。

其次,中小企业融资难问题是一个全球性的难题。西方国家研究较早,几十年来形成了一整套基础融资理论。国内该领域起步较晚,文献多为结合国内实际的应用性研究,在理论上则以借鉴为主。

再次,国内研究多逻辑论述,少实证检验,主要原因可能在于中小企业的相关信息收集困难。

最后,信息经济学、金融工程等学科已经开始被少数学者引入中小企业融资的研究,但由于数据收集困难,实证上没有发现计量研究的文献,个别文献采用了数据包络法和仿真模拟。由于传统创新模式存在困难,我们认为,金融工程和信息经济学方面的创新应该成为今后研究的主要方向。

第八章
中小企业债券风险溢价的实证研究

我们试图从投资者的角度研究中小企业债券被“冷落”的原因，从而找出相应的解决方法。因此，以中小企业债券的风险溢价为主要研究对象，通过对比持有期收益率和到期收益率，发现中小企业债券投资者的风险溢价要求并没有得到满足。我们构造了五个主要的风险因子，并用这些风险因子对风险溢价进行回归。结果显示，其中四个风险因子对风险溢价的影响是显著的，而流动性风险因子变化的影响不显著源于代理变量的构造过程。这说明了投资者对中小企业债券的中长期信用风险最为敏感，应缩小投资者现实收益和期望收益的差距。

第一节　中小企业债券的风险溢价问题

1. 风险溢价的概念

金融资产的风险溢价可以简单定义为投资者因承受风险而要求获得的补偿，即收益率中超过无风险收益率的部分。对金融市场风险溢价的研究最早可以追溯到 20 世纪 60 年代，大量的研究用来解释各种收益率之“谜”(puzzle)。20 世纪 80 年代，研究者对如下现象产生了兴趣，即使考虑了交易费用等，股票收益率仍远超过债券等低风险资产的收益率,如 Mehra 和 Prescott、Benartzi 和 Thaler 等。这种资产收益率之谜后来被认定为对信用风险的补偿,即信用风险溢价。近十年来,人们又发现债券的溢价远超过损失的期望,这种现象称为"信用风险之谜",人们从债券缺少流动性的特征上找到了许多解释,即流动性风险溢价,如 Amato 和 Remolona 等。另外,也有不少研究者从应用角度出发,根据相对风险溢价变化构建各类投资组合,以期获得超额收益率。

研究中小企业债券这样一种极度缺乏流动性的产品的市场定价问题,主要包括定价是否合理,以及主要风险因素对收益率的影响程度。其研究背景为债券可以自由交易,但整体缺乏流动性。基于投资者交易行为的市场价格变化,即持有期收益率反映了投资者的收益期望。但由于市场缺乏流动性,大部分投资者不得不持有到期,所以到期收益率为投资者获得的真实收益率。持有期收益率和到期收益率之差代表了市场的(非)有效程度。

需要指出的是,持有期收益率以及风险溢价的合理程度受市场有效性的制约。国内债券市场的真正发展始于 2003—2005 年间,由于时间不长,验证市场效率的实证性文献稀少,钱一鹤和金雪军通过对中期票据交易数据的研究证明,我国银行间债券市场已经具备初步的风险定价能力。为此,本章的研究基于这样的假设前提:在银行间债券市场,市场的交易行为能有效反映债券的风险,即基于投资者交易行为的持有期收益率是相对合理的。

2. 研究风险溢价的意义

随着国内债券市场的发展,中小企业债券融资成为解决中小企业融资难的可行选择。中小企业集合债(简称集合债)、中小企业集合票据(简称集合票据)、中小企业私募债(简称私募债)等多个中小企业债券品种也已经在全国性债券市场挂牌交易,地方和民间针对中小企业的类债券创新品种也不少。2014 年伊始,人民银行等六部委联合发文,鼓励科技型企业利用债券市场融资,明确提出:"支持科技企业通过发行企业债、公司债、短期融资券、中期票据、中小企业集合票据、中小企业集合债券、小微企业增信集合债券、中小企业私募债等产品进行融资。”

然而，投资者对中小企业类债券表现出的兴趣似乎并不高。不仅表现为中小企业类债券二级市场不活跃，而且规模较大的债券发行也存在困难，集合债的发行事实上处于停滞状态。其中的原因可能是多方面的，但在中小企业融资难的背景下，资金处于卖方市场，投资者的态度对中小企业债券市场的发展具有决定性影响。

为此，我们试图从投资者的角度研究中小企业债券被“冷落”的原因，从而找出相应的解决方法。风险溢价是投资者对承担债券风险所要求的收益补偿，在有效的市场中能较好地反映投资者的行为。

第二节　投资者视角的债券风险溢价研究思路

我们的研究包括两个层面：第一，投资者对中小企业债券的风险溢价要求是否得到满足；第二，影响投资者风险溢价要求的主要风险因素是什么。

1. 投资者的风险溢价要求是否得到满足

基于主流经济学观念，市场是有效的资源配置形式。因此，如果市场有效，市场收益率应该反映了投资者和筹资者之间的均衡。但现实市场存在各种摩擦，尤其当市场缺乏流动性的时候，投资者虽然持有债券，但未必能获得所期望的收益率，而可能仅仅是因为“用脚投票”成本太高而做的“次优”选择。相对来说，中小企业债券的流动性更差。

另外，发展中小企业债券的直接目的是解决中小企业融资难的困境，而不是为投资者增加投资渠道。因此，中小企业债券的发行和流通，可能更多地体现了筹资者的利益，投资者因而对其缺乏兴趣也在情理之中。

中小企业债券的投资者主要以持有到期的形式投资债券,到期收益率反映了投资者获得的真实收益率。而持有期收益率从市场交易价格变化计算获得,市场价格是投资者交易行为的反映,反映了投资者的收益率期望。因此,持有期收益率与到期收益率之差可以在一定程度反映投资者的期望收益和现实收益之间的"落差"。这个差越大,投资者对债券的兴趣越小。

2.投资者对什么风险因素更敏感

在持有期收益率能较好地反映投资者期望收益率的前提下,我们可以利用持有期收益率计算中小企业债券的风险溢价,并根据风险因素对风险溢价进行分解。具体思路如下。

第一步,计算风险溢价。风险溢价为债券持有期收益率与无风险收益率的差,因此首先需要确定无风险收益率。无风险收益率并没有统一的标准,多以短期收益率代替。一般有短期国债利率、短期回购利率、银行间拆借利率等,不同指标各有利弊。鉴于目前我国国债品种日益丰富,已经具备相当的市场流动性,而国债与中小企业债券同在银行间债券市场交易,我们以银行间债券市场交易的1个月固定利率国债收益率作为无风险收益率。

第二步,构建风险因子。从现有文献看,能从市场角度定量研究的风险主要有三类:利率风险、信用风险和流动性风险。对中小企业债券来说,信用风险和流动性风险尤其重要。由于非市场力量的干预,我国中小企业债券至今没有出现事实违约,债券市场对违约风险的溢价可能是扭曲的。但无违约只能是暂时的,中长期的违约风险仍然存在。另外,除了违约之外,还存在其他类型的信用风险。如统计显示,2013年前7个月52家债券发行主体信用等级下调,其中中小企业15家,占28.8%。相对于债券数量和融资规模,这个比例相当高。因此,信用风险应该在中小企业债券的风险溢价中得到反映,而且信用风险溢价还可能存在期限结构。

为此,我们认为有必要对基本的风险因素进一步分解。根据Litterman和

Scheinkman 提出的三因子分解法，各风险因子都可以分解为水平因子、斜率因子和曲率因子等。所谓水平风险因子，指对所有期限的债券影响相同的风险，而斜率风险因子则对长期债券影响比短期债券大，曲率因子对中期债券的影响大于短期和长期债券。根据钱一鹤和金雪军的经验，曲率因子在流动性更大的中期票据市场影响微小。因此，我们在中小企业债券的研究中只考虑水平因子和斜率因子。另外，由于中小企业债券交易极度不连续，基于交易量数据构建流动性风险因子并不现实，需要寻找其他替代变量。最后我们确定构建五个风险因子，包括利率风险水平因子和斜率因子、信用风险水平因子和斜率因子、流动性风险因子。

第三步，检验各风险因子对风险溢价的影响程度。以债券风险溢价为被解释变量，以各风险因子为解释变量进行回归，从而确认投资者对哪种风险敏感。

第三节　基于集合票据数据的实证检验

1. 数据说明

鉴于银行间债券市场是目前我国债券市场的主体，而“集合债”的发行较少，我们在实证中采用“集合票据”作为考察样本。本文实证所用数据全部来源于 Wind 数据库，样本期限为 2013 年 4 月至 10 月，样本采集频率为周。实证所用计量软件均为 Stata12.0。

截至 2013 年 10 月底，共有“集合票据”84 只，其中 AAA 级 56 只，AA＋级 18 只，AA 级 9 只，AA－级 1 只。我们对样本按照信用等级分类进行研究，但除 AAA 级以外债券样本过少，尚不具备统计显著性。因此，我们在第一步分析持有期收益率和到期收益率之差时，只计算 AAA、AA＋和 AA 三个级别的债券，而在风险溢价分解回归中仅研究 AAA 级债券。

由于集合债券交易不活跃,存在大量没有任何交易的样本点,我们剔除了存续期间小于样本区间,以及整个样本期间交易量为零的所有债券,另外剔除到期收益率明显反常的“10 黑龙江 SMECN1”(代码 1083018),最后得到样本债券 47 只,其中 AAA 级债券 29 只,共 1410 个观测值。

2. 投资者期望收益率满足程度的检验

到期收益率数据直接从 Wind 数据库获得,持有期收益率根据每周末收盘价计算。持有期对数收益率可以表示为:

$$H_t = \ln[(P_t + C)/P_{t-1}] \tag{1}$$

其中,H_t 代表 $t-1$ 至 t 时期的持有期收益率,P_t 为 t 时刻的收盘价,C 是发放的利息,如当期没有利息发放则为零。

我们对所有 47 只样本债券按信用等级进行分类,并计算每一类债券持有期收益率和到期收益率的算术平均值。图 8-1 显示了分信用等级的样本收益率情况。从中我们可以直观地得出如下结论。

首先,三类债券的持有期收益率整体上高于到期收益率,说明投资者的风险补偿期望没有得到有效满足。这也是我们检验的主要目的。

其次,到期收益率的波动频率随债券信用等级的下降而降低,说明随着信用级别的下降,交易愈加不活跃。

再次,三类债券的到期收益率走势类似,但持有期收益率走势差别很大,说明到期收益率可能没有有效反映债券信用风险。而持有期收益率和到期收益率的差随信用等级的下降而增加,也说明市场本身具备一定的定价能力。市场的有效性是我们进一步分析的基础。

3. 风险因子模型构建

(1)方法说明。

从现有文献来看,金融市场的风险分解主要有两类方法,主成分分析法和风险因子构造法。

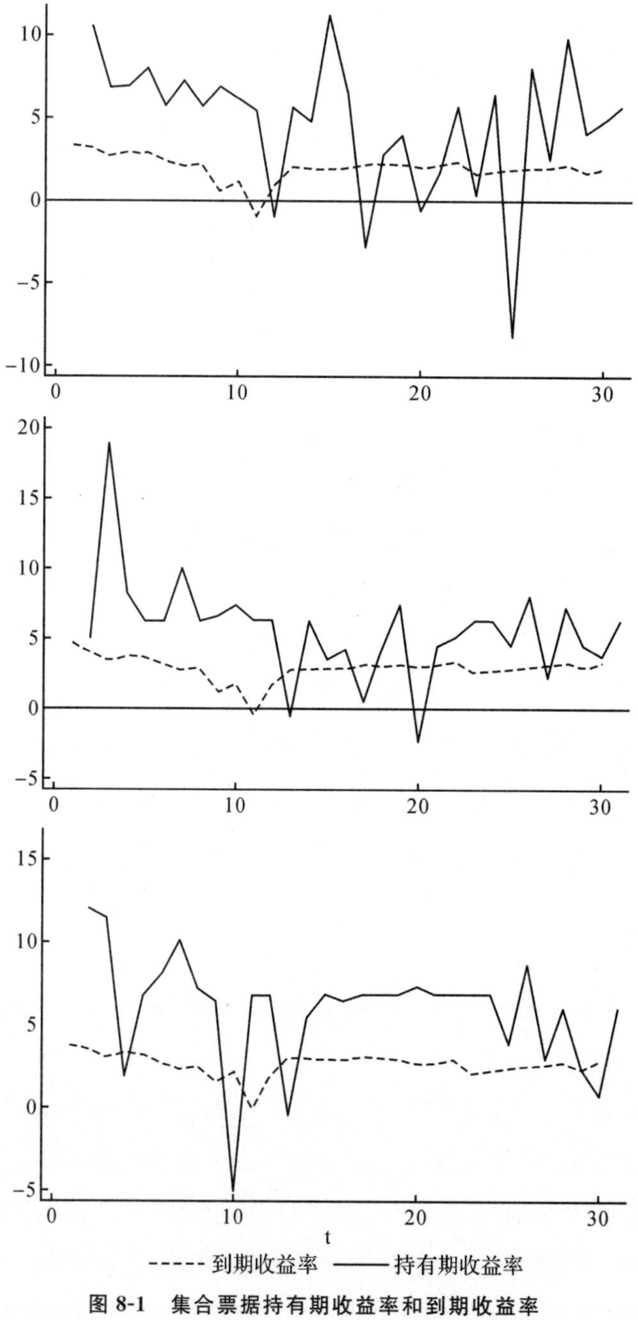

图 8-1　集合票据持有期收益率和到期收益率

主成分分析法是一种纯计量方法，它有效地避免了多因素分析的“维度魔咒”问题，而且随着主成分个数的增加，重要性迅速下降，往往只有最前面几个是显著的。而各主成分之间相互正交，也带来很大的计算便利。但同时，由于主成分是一种数学的抽象，很难明确其具体的经济含义，又给分析带来困难。Litterman和Scheinkman将债券收益率的前三个主成分分别命名为水平因子(*Level*)、斜率因子(*Slope*)和曲率因子(*Curvature*)。Brandt和Kavajecz则进一步明确了三个因子的特征：水平因子在所有期限的债券的“载荷”相等；斜率因子在长期债券“载荷”为正，短期债券“载荷”为负；曲率因子在中等期限债券“载荷”为负，在短期和长期债券的“载荷”为正。

Cochrane和Piazzesi采用了一种更加“实用”的方法诠释了以上主成分三因子。即，用短期债券收益率作为水平因子，用长期债券和短期债券收益率之差作为斜率因子，以两倍的中期债券收益率减去短期和长期债券的收益率作为曲率因子。

风险因子构造法最早由Fama和French提出。当时他们提出了证券市场收益率的五个“一般化风险因子”(*Common Risk Factor*)，其中两个针对债券市场。分别是TERM代表长期国债收益率和一个月国债收益率的差，DEF代表长期企业债券市场组合的收益率和长期国债收益率的差。对照Cochrane和Piazzesi方法，我们可以将TERM看作利率风险的斜率因子，DEF看作信用风险的水平因子和斜率因子之和。结合Fama和French, Cochrane和Piazzesi的方法，理论上可以相应地分别构造出利率风险、信用风险和流动性风险的水平因子、斜率因子和曲率因子。

在实际分析中，由于流动性风险离不开成交量指标，用Fama和French的方法是没法构建有效的流动风险指标的。Pastor和Stambaugh利用订单流原理构建了流动性风险指标，巧妙地把成交量指标纳入其中。然而，“集合票据”流动性极度缺乏，一周没有任何交易是正常现象。因此，该方法在本章也不适用。但是我们知道，持有期收益率是市场的定价，而到期收益率是投资者因为市场缺乏流动性而“被迫”接受的实际收益率。所以，持有期收益率和到期收益率之间的差可以作为流动性风险溢价的代替指标。

另外，基于我们研究的重点，在具体风险因子分析中，我们考察水平因子和斜率因子已经足够。由于“集合票据”期限较短，绝大部分在 3 年以内，曲率因子构建的意义也不大。以上是五个风险因子的构建思路，包括：利率风险水平因子、利率风险斜率因子、信用风险水平因子、信用风险斜率因子和流动性风险因子。

(2)具体过程。

由于其他信用级别样本稀少，以下实证过程只对 AAA 级样本进行。

第一，根据以下公式计算样本的风险溢价：

$$prem = hr - fr \tag{2}$$

其中，$prem$ 代表债券风险溢价；hr 代表持有期收益率，根据公式(1)计算并年化；fr 代表无风险收益率。

第二，将样本按照不同期限分类，现有“集合票据”发行期限只有 2 年和 3 年两种，我们将剩余期限小于等于 1 年的样本归为“短期”，大于等于 2 年的归为“长期”，介于 1 到 2 年的归为“中期”。由于我们不计算风险曲率因子，“中期”剔除不用。

第三，对在银行间债券市场交易的，且剩余期限小于等于 3 年的固定收益率国债，按照以上两步标准进行风险溢价计算和期限分类。

第四，构建风险因子。在国内市场国债通常被认为没有信用风险，同时假设国债也没有流动性风险。因此，我们以“短期”国债的风险溢价为利率风险水平因子；以“长期”国债和“短期”国债风险溢价之差为利率风险斜率因子；以“短期”集合票据和“短期”国债风险溢价之差为信用风险水平因子；“长期”集合票据和“长期”国债溢价之差，再减去信用风险水平因子，作为信用风险的斜率因子。根据上文，流动性风险因子由(年化)持有期收益率和到期收益率之差代替。

计算所得的各风险因子时间序列如图 8-2 所示。其中 $liqu$ 代表流动性风险因子，*l_inte* 代表利率风险水平因子，*s_inte* 代表利率风险斜率因子，*l_cred* 代表信用风险水平因子，*s_cred* 代表信用风险斜率因子。

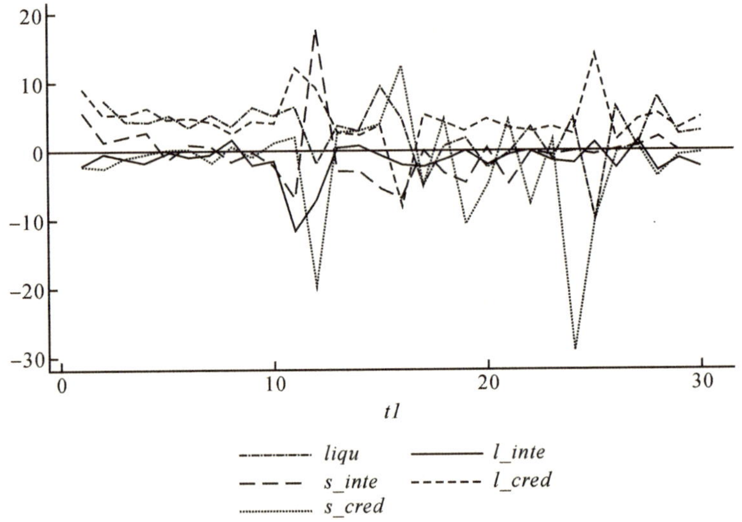

图 8-2　各风险因子时间序列图

从图中可以看出，利率风险水平因子在零值附近波动。而信用风险水平因子基本处于一个明显的正值，说明信用风险在市场的风险溢价中得到了体现。利率和信用风险斜率因子则波动明显，尤其信用风险斜率因子振幅最大，这在一定程度上反映了投资者对远期信用风险变化的不确定。流动性风险因子明显大于零，但相对小于信用风险水平因子，波动性也相对较小。

4. 风险因子对溢价影响程度的检验

首先进行单位根检验，发现风险溢价以及各风险因子的时间序列都不平稳，协整性也不显著。进行一阶差分后，各序列基本平稳。因此，用一阶差分数据进行多元回归，即用各风险因子的变化来解释风险溢价的变化。回归结果如表 8-1 模型(1)所示，其中前缀“d_”代表一阶差分，*prem* 代表风险溢价，其他指标含义同上。

模型整体统计显著，前四个因子的系数都在1%水平显著。说明市场具备一定的有效性，风险因子在溢价中得到了反映。其中利率风险水平因子的系数达到1.081，信用风险水平因子的系数为0.645，说明水平风险因子的变化对风险溢价的变动影响最大。由于模型采用的是差分变量，而利率风险和信用风险水平因子均波动不大，意味着差分序列本身较小，所以对风险溢价的总体影响不会太大。

利率风险和信用风险的斜率因子系数分别为0.581和0.409，由于这两个因子的时间序列波动频繁，因此其差分序列较大，对风险溢价的变化影响也更显著。而振幅最大的信用风险斜率因子对风险溢价的变化影响应该最大。说明对投资者来说，最为敏感的风险来自于远期信用风险的变化。

在五个风险因子中，唯有流动性风险因子不但系数相对很小，且不显著。但流动性风险的存在已经被学术界和实务界普遍认同，我们认为最主要的原因在于流动性风险因子的指标构建上，因为该指标是持有期收益率与到期收益率的差，而到期收益率并没有反映市场的真实行为。为此，我们可以做进一步验证。

从风险溢价的定义可知，风险溢价本身是收益率的一部分，我们以持有期收益率或到期收益率为解释变量做相同的回归，模型具有同样的解释作用。检验到期收益率和持有期收益率序列，两个序列都不平稳，一阶差分后平稳，所以我们仍然采用差分形式变量回归。两个模型均整体显著，结果分别如表8-1的模型(2)和(3)所示，其中 *ym* 代表到期收益率，*hy* 代表持有期收益率。

表8-1　风险溢价对各风险因子回归系数

变量	(1) *d_prem*	(2) *d_ym*	(3) *d_hy*
d_l_inte	1.081*** (0.156)	0.185*** (0.032)	0.185*** (0.032)
d_s_inte	0.581*** (0.094)	0.0446** (0.019)	0.0446** (0.019)

续 表

变量	(1) d_prem	(2) d_ym	(3) d_hy
d_l_cred	0.645*** (0.110)	−0.0105 (0.023)	−0.0105 (0.023)
d_s_cred	0.409*** (0.052)	0.00144 (0.011)	0.00144 (0.011)
d_liqu	0.0119 (0.109)	0.0323 (0.023)	1.032*** (0.023)
Constant	−0.0130 (0.421)	−0.0231 (0.087)	−0.0231 (0.087)
样本量	28	28	28
R^2	0.898	0.684	0.995

注：*** 代表 $p<0.01$，** 代表 $p<0.05$，* 代表 $p<0.1$

对比(2)和(3)可以看出，两个模型除了流动性风险因子，其他系数都是一样的，唯有流动性风险因子的系数不同，(2)中系数很小且不显著，(3)中系数高达1.032且1%显著。即，持有期收益率和到期收益率之差的变化，可以解释持有期收益率变化而不能解释到期收益率变化。我们认为集合票据的到期收益率的确定可能参考了国债等的收益率，但没有反映集合票据本身的风险特征，其形成机制尚不完善。

第四节 实证结论

由以上分析可以推知，在我国目前中小企业债券市场，投资者对风险的溢价要求没有得到满足。这很可能是影响中小企业债券市场发展的主要原因。事实上，我国中小企业债券的发展在很大程度上依赖于政策的扶持。然而政策扶持的出发点在于解决中小企业融资难问题，以中小企业发行债券、做大债券市场为首要目标。虽然也强调保护投资者利益,但在中小企业债券的创新中,投资者的诉求相对被忽视。

然而,作为债券市场的主要参与者,投资者的诉求是不可能真正被忽视的,忽视他们的诉求就等于扼杀市场的前途。中小企业融资难是一个全球性的问题,中小企业债券融资需要多方面创新。我们认为,有利于市场发展的创新必须以投资者和筹资者双方的利益共同促进为出发点。就目前国内中小企业债券融资而言,我们认为应该进行创新, 从而实现帕累托改进。

第九章
中小企业债券流动性的实证研究

在总结现有研究债券流动性文献的基础上，我们构建了针对中小企业债券这种流动性极差的债券的流动性指标，并对常见的债券流动性影响因素进行了检验。实证结果显示，信用风险和投资者特征对中小企业债券流动性的影响统计上显著。

第一节　债券流动性衡量及其影响因素

中小企业债券的流动性是一个几乎没有人“关心”的问题，因为它几乎没有流动性。几乎没有流动性就是几乎没有交易数据，“巧妇难为无米之炊”，学术研究者只好绕道。然而，流动性对中小企业债券又尤其重要，因为从实务角度看，中小企业债券存在的诸多问题基本上源于两个原因：筹资者认为成本太高，投资者认为风险太大。基于以下原因，流动性可以同时缓解以上两个问题。

作为金融市场产品，“债券产品”的价格就是它的收益率。债券收益率可以分为无风险收益率和风险溢价两个部分，其中风险溢价又可以按风险种类进一步细分为市场风险溢价、信用风险溢价、流动性风险溢价等。虽然信用风险溢价在风险溢价中占最大比重，但流动性风险溢价可能是最重要的。首先，流动性风险溢价本身在风险溢价中也占重要比重。其次,流动性是缓释债券信用风险的必要条件,债券在交易过程中价格逐渐下降,信用风险逐渐释放。另外,市场中有一类特殊的参与者——投机者,他们具有很强的风险承受能力和敏锐的风险判断能力,他们的参与既可以缓冲风险的爆发,也有助于合理收益率水平的形成。但是他们对市场环境的要求很高——必须有很高的流动性,在中小企业债券市场他们是"稀缺品种"。

总之,流动性在很大程度上是中小企业债券市场发展的关键。本章的目的在于研究影响中小企业债券流动性的主要因素,进而提出增加流动性的潜在措施。

流动性的概念最早由 Demsetz (1968)提出,仅简单定义为交易的及时性。之后其他学者也有不同的定义,但并没有形成权威统一的定义。概括起来,流动性大致可以从两个角度去描述:从市场角度可以描述为:大额交易下价格保持平稳性的能力。从债券持有者角度可以描述为,迅速变现而不受价值损失的能力。

1. 债券的流动性的衡量

金融市场的流动性是一个相当复杂的问题,学者们更倾向于对其特征的描述。其中最有名的是 Kyle (1985)提出的三维度标准和 Harris (1990)提出的四维度标准。三维度分别是紧度(tightness)、深度(depth)和弹性(resiliency),该标准被国际清算银行报告所采用。而国内学者更多地采用了四维度标准,分别是:(1)宽度(breadth),保持价格有效的最大波动范围;(2)深度(depth),能够保持价格稳定的最大成交量;(3)弹性(resiliency),受大额交易冲击后价格恢复均衡的速度;(4)及时性(immediacy),既定价格变化范围内的成交速度。

在实证分析中,各种指标的构建可谓五花八门,多基于交易相关数据,刘逖(2002)对应以上四个维度进行了总结,常见的就多达 40 多个。这些指标又可以大致分为四类,分别是基于价格、基于成交量、基于价格和成交量相结合,以及基于交易时间/频率。另外，还有一个所谓“潜在流动性”的衡量指标，由 Chacko, Mahanti et al. (2005)最早提出，Mahanti, Nashikkar et al. (2008)也用了同样的方法，该方法构思巧妙，但由于相关数据不易获得，应用不是很广。具体方法是通过债券持有机构的整体债券资产周转率作为该债券在该机构的周转率，再以各机构持有的该债券占发行量的比率作为权重，计算主要持有者的周转率加权和。

虽然现有文献的流动性指标众多，但对于中小企业债券选择的余地却很小。首先，由于成交极为稀少，所有基于连续交易为前提的指标都不适用。其次，成熟市场债券交易多采用做市商制度，基于买卖价差的指标设置为国外学者所钟爱，然而国内市场买卖价差数据无法获得。另外，Hotchkiss and Jostova (2007)认为，企业债券交易的增加不一定是流动性的体现，可能来自因对信息的不同理解而出现的“投机驱动”。由此，单纯的成交量或换手率也不能很好地衡量流动性。对于中小企业债券这类交易稀少的债券，我们认为从交易频率角度衡量更加合理。另外，Laganá, Perina et al. (2006)提出对于交易频率极低的债券存在“搜寻成本”。“搜寻成本”显然与交易规模有关，反映在价格上，是为流动性溢价的一个重要部分。

综合以上分析，我们认为衡量中小企业债券流动性需要考虑价格变化、交易规模和交易频率三个方面。

2. 债券流动性的影响因素

影响债券流动性的因素大致可以分为市场环境因素、债券发行人特征因素和债券本身的特征因素三类。

市场环境因素主要包括投资者行为特征和市场交易机制等方面。首先，不同市场的流动性因投资者的风险偏好、投资风格等的不同而有差别。从这个角度看，改变投资者群体的结构可以增加市场的流动性。其次，不同的交易机制也会影响到流动性。Schultz (2001)和 Ericsson and Renault (2006)都证明增加竞争性做市商的数量可以增加流动性。因为更多的潜在交易对手可以减少交易搜索过程，同时也有利于分解大额交易。交易数据的透明度显然有利于降低信息不对称，增加交易信息的披露也可能有助于增加流动性。Goldstein, Hotchkiss et al. (2007)发现交易后数据的透明度有助于增加流动性，Edwards, Harris et al. (2007)发现交易后数据透明度有利于降低交易费用。

债券发行人特征因素包括发行人所在行业、发行人信用情况以及信息披露程度等。Edwards, Harris et al. (2007)和 Hotchkiss and Jostova (2007)发现公开上市公司和非公开上市公司相比，前者发行的债券拥有更高的流动性和更低的溢价。原因在于公开上市公司信息披露更加充分。但 Alexander, Edwards et al. (2000)的研究也发现，非上市公司的债券交易比上市公司的债券更加活跃。他们的解释是，对于同一个上市公司，股票和债券可以作为两种交易的选择，而非上市公司的债券投资者则不能。债券发行人所在的行业和发行人的信用等级也被认为对流动性有影响。如 Hotchkiss and Jostova (2007)认为工业和金融行业发行人的债券比公用公司的债券更具流动性，但实证结论存在较多争议。

债券本身特征因素包括发行方式、发行规模、债券年龄、剩余期限、息票率、各类选择权等。Hotchkiss and Jostova (2007)认为发行规模大的债券有利于做市商存货管理，从而降低交易成本。但 Mahanti, Nashikkar et al. (2008)认为发行规模具有临界值，必须达到临界规模以上，这种规模和流动性的正相关关系才体现出来。许多实证结论支持流动性随券龄下降的观点，原因是债券发行后逐渐被谨慎的机构投资者持有，如养老基金等。于是市场上可交易的债券比例下降，导致流动性降低。但这些机构主要持有的是高信用级别的债券。剩余期限、息票率和选择权也被认为是可能影响流动性的因素，不过实证结论分歧很大。发行方式主要区别是公开发行和私募发行，不同的发行方式存在信息披露差别。相关研究同样存在分歧，我们认为这两种发行方式针对不同的投资者，可比性不大。

第二节　基于中小企业集合债的模型和数据

1. 流动性指标和解释变量

(1)流动性指标。

根据中小企业类债券交易稀少的特点，纯粹的价格或纯粹的交易量(换手率)等指标作为流动性指标的有效性难以令人信服。使用价格和成交量结合的指标，或者交易频率类指标是主要考虑方向。

另外，中小企业债券的投资方式看，主要是持有到期。可以认为，投资者关心债券流动性更多的是出于变现的容易程度，即在必须变现时自己的交易行为对价格的冲击程度，而不是平时交易频率。因此，我们从交易对价格冲击的程度构建如下指标作为中小企业债券流动性的衡量：价格变化/交易量(*Liqu*)。

(2)解释变量。

交易频率作为衡量流动性的另一个常用指标，我们将其与交易量结合构建如下指标来描述投资者的特征：月交易量/月有交易天数(*Feat*)。这个指标说明平均每笔交易的大小，可以在一定程度上揭示交易者的规模。

债券发行规模(*Issu*)、剩余期限(*Matu*)、息票率(*Coup*)、信用等级(*Cred*)、发行企业所属行业(*Indu*)、选择权(*Opti*)这些在其他文献中常用且数据可以获得的指标，也作为解释变量，其中部分变量在不同的研究之间存在歧义。

根据中小企业债券的实际情况，我们对这些解释变量进行了一些改进。由于中国债券市场信用评级普遍偏高，尤其中小企业债券在很大程度上有政府信用参与，我们以中小企业集合票据为考察对象，大部分是AAA级。因此，信用等级(*Cred*)我们采用虚拟变量，AAA级为1，否则为0；对于发行企业所属行业(*Indu*)，中小企业集合债券包括多个企业，很难具体区分。但大部分集合票据都属于综合类,只有六只是其他的,因此我们简单把样本分为“综合类”和“非综合类”的虚拟变量,其综合类为1,非综合类为0;选择权(*Opti*)通常也会被选作影响债券流动性的因素,模型中应该包含选择权。但由于中小企业集合债券均不含选择权,因此我们在实证模型中不含选择权。但是,由于一些选择权会实质性影响债券的信用风险,因此,如果信用等级对债券流动性的影响显著,那么选择权也应该同样显著影响债券流动性。

2.模型构建和数据说明

(1)模型构建。

根据以上说明,我们构建如下多元回归模型,具体指标如上说明。

$$Liqu=\beta_0+\beta_1 Issu+\beta_2 Matu+\beta_3 Coup+\beta_4 Feat+\delta_1 Cred+\delta_2 Indu+\mu \quad (1)$$

其中 *Feat* 指标用来描述投资者类型,属于市场环境因素,*Issu*,*Matu*,*Coup* 属于债券本身的特征因素,*Cred* 和 *Indu* 属于债券发行人特征因素。

(2)数据说明。

从公开上市的中小企业来看,目前规模较大的是银行间债券市场交易的中小企业集合票据和证券交易所交易的中小企业私募债。由于银行间债券市场的债券容量和交易量均占绝对的主导权,而且银行间债券市场的投资者为机构投资者,对风险具有更高的理性,我们的研究以中小企业集合债为对象。

样本选择从2012年1月至2014年4月的月度数据,涉及中小企业债券79只,1459个样本。本文实证所用数据来源于Wind,分析软件为Stata12.0。

第三节 混合回归法下的实证结论

由于交易极不连续,我们假设每笔交易之间相对独立,采用混合回归法。回归结果如表9-1所示,经怀特检验不存在异方差性。在实证过程中,我们对不显著的变量进行了逐步排除,从模型整体看,模型(3)的相对估计效率最高。从结果可以看出,描述投资者的特征(*Feat*)和信用等级虚拟变量(*Cred*)始终是显著的,息票率(*Coup*)也存在一定的影响,而发行量(*Issu*)、剩余期限(*Matu*)和行业虚拟变量(*Indu*)对集合票据的流动性没有显著影响。另外,如我们之前所分析的,债券的选择权可能改变债券的信用风险特征,既然信用级别对债券流动性影响显著,选择权也同样可能有显著影响。

表 9-1　集合债券流动性因素回归结果

变量	(1) *Liqu*	(2) *Liqu*	(3) *Liqu*	(4) *Liqu*
Issu	−0.00815 (0.0147)	−0.00922 (0.0145)		
Matu	0.00127 (0.00269)			
Coup	−0.0468 (0.0296)	−0.0499* (0.0288)	−0.0504* (0.0287)	−0.0434 (0.0281)
Feat	−0.000705** (0.000320)	−0.000660** (0.000305)	−0.000699** (0.000298)	−0.000670** (0.000298)
Cred	−0.160*** (0.0530)	−0.161*** (0.0528)	−0.161*** (0.0527)	−0.149*** (0.0518)
Indu	0.104 (0.0824)	0.106 (0.0821)	0.0971 (0.0808)	
Cons	0.394* (0.233)	0.445** (0.207)	0.435** (0.206)	0.474** (0.204)
样本量	1459	1459	1459	1459
R^2	0.101	0.100	0.097	0.089

注:1. 括号中的数值为标准差。

2. ***, $p<0.01$; **, $p<0.05$; *, $p<0.1$。

根据实证结果,我们可以将影响集合票据流动性的因素归为两类:投资者特征和信用风险特征。其中,息票率的高低可以看作是信用风险溢价的大小。

从影响的大小来看，信用风险的影响很大，但系数是负的，也就是说非 AAA 级集合票据的流动性比 AAA 级要高。从我们构建的流动性指标可以看出，集合票据的流动性取决于买方而非卖方。这说明作为更理性的投资者更愿意接受非 AAA 级债券。由于息票需要反映信用等级，非 AAA 级集合票据的息票更高，相对于信用级别，投资者更看重高息票率。这也符合市场的一般看法，即中国债券的评级是偏高的，中小企业集合票据多为 AAA 级。

投资者特征变量（*Liqu*）代表月交易量/月有交易天数，也就是平均每笔交易的大小，平均每笔越大，说明交易越集中。该指标的系数也是负的，说明交易的集中程度与流动性成反比。

第十章
科技型中小企业债券融资成本及增信模式

我们根据市场数据剖析中小企业债券融资的成本，并与其他融资工具进行比较，指出中小企业发行债券进行融资具有一定的优势。债券融资可以降低科技型中小企业融资成本，通过信用增进可以降低科技型中小企业债券融资的成本。

第一节　发展债券融资降低中小企业融资成本

科技型中小企业在其成长发展过程中需要足够的资金支撑，但融资难、成本高等问题制约了科技型中小企业的发展。科技型中小企业缺乏可抵押资产、信用记录和担保者，难以得到银行贷款资金支持。在中小企业向银行申请贷款的过程中，还普遍存在被迫缴纳咨询费、贷前存款、购买理财产品、办理信用卡、附加贷款条件等情况。据广州《新快报》报道，某中小企业向银行申请贷款 1000 万元，实际到手只有 485 万元。银行、担保公司等机构对中小企业贷款资金是“雁过拔毛”，导致中小企业银行贷款成本变得非常高。

1. 中小企业债券融资成本的组成

中小企业债券融资的成本包括：票面利率，1％的其他费用（含会计师、律师费用），2％的承销费用和信息披露费用等。

2012 年交易所发行的私募债的平均发行利率为 9.04%[①],2013—2014 年在浙江股权交易中心挂牌的私募债票面利率平均约为 9.46%。2012 年集合票据的发行时票面利率平均为 6.37%,加上票据发行的承销费、担保费、评级费用以及公正费用等,融资成本在 8%左右。而中小企业集合债的平均融资成本要高于同期发行的集合票据。

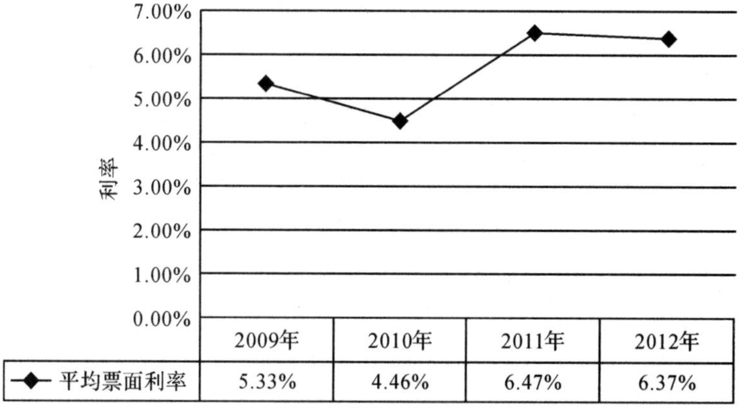

图 10-1　2009—2012 年集合票据平均票面利率

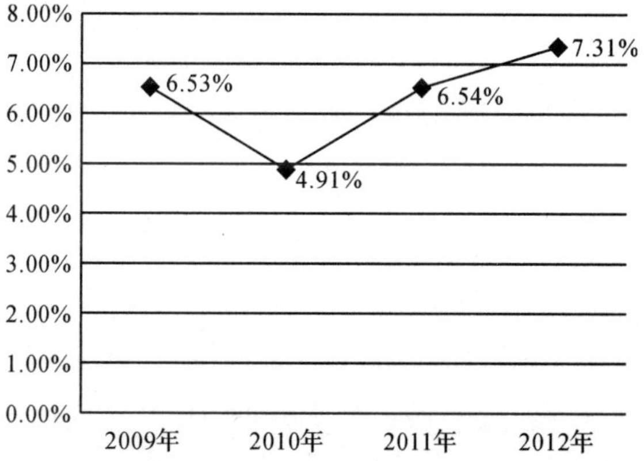

图 10-2　2009—2012 年中小企业集合债平均票面利率

① 史建平:《中国中小企业金融服务发展报告(2013)》,中国金融出版社 2013 年版,第 262—268 页。

2.债券融资比银行贷款的链条短、成本低、期限长、数量大

债券融资是企业从投资者手中直接获取资金的直接融资方式,而银行贷款融资是企业向银行借入资金的间接融资方式,银行要先从投资者手中取得存款,然后放贷给企业。债券融资比银行贷款融资缩短了链条。

优质的中小企业可利用自身及债券较高的信用评级,在公开市场通过竞价方式发行债券,其债券融资成本远低于银行贷款成本。譬如,2012年在交易所发行的中小企业私募债的平均发行利率为9.04%,中小企业集合债的平均票面利率为7.31%,中小企业集合票据的平均票面利率是6.37%,加上约1%的其他费用(含会计师、律师费用),2%的承销费用、信息披露费用,其综合融资成本:中小企业私募债约为12%,中小企业集合债约为10.3%,中小企业集合票据约为9.4%。而同期一年期内的银行贷款利率为6.56%,考虑30%的上浮后,中小企业的银行贷款成本约为8.5%,加上前面提到的被迫缴纳咨询费等情况,中小企业实际承担的贷款成本高达16%以上。相比之下,债券融资成本比银行贷款要低,这也是许多优质企业用发债获得的资金去偿还银行贷款的原因。对于一般企业而言,目前可以抱团发行中小企业集合债券、中小企业集合票据等,是在银行贷款之外的一条新的融资渠道。

一般来说,银行不愿意向中小企业提供巨额的长期贷款,现在中小企业银行贷款期限一般在1年以内。银行贷款的各种条款包括数量、期限、利率等,中小企业需要与银行进行较长时间的谈判,而最终仍须由银行审批决定。在债券融资中,中小企业可以根据自身需求来设定各项融资条款,并向市场寻求投资者。目前市场上中小企业债券的期限大部分在2—3年,债券融资金额平均每家企业可达2000万—3000万元,这为中小企业尤其是处于成长期的科技型中小企业带来了中长期的足额的发展资金。

3.在直接融资工具中债券融资比股权融资有成本低等优势

债券融资成本比股权融资低。中小企业发行债券的利息支出可以计入成

本,有抵税作用和财务杠杆作用。而股权融资,中小企业向股东派发红利前需要缴纳所得税。对投资者来说,债券的清偿次序也优先于股权。根据美国证券交易委员会公布的数据,股票融资中每100美元优先股的成本是6.3美元,普通股是16.9美元,而每100美元债券融资成本是2.6美元[①]。在企业融资理论中,债权融资的顺序优先于股权融资。

债券融资情况下,企业控制权不会被稀释。中小企业债券融资虽然会增加企业未来的财务风险,但债券投资者不能参与企业经营和决策,没有改变企业的股权结构,企业的控制权未发生变化。而股权融资会导致企业控制权被稀释。

相对于发行股票融资,发行债券融资的条件要求更低。在现有法律法规下,只有少部分中小企业符合公开发行股票融资的条件。对于大部分不具备发行股票条件的中小企业而言,开展债券融资是直接通向资本市场的重要渠道。

第二节　信用增进降低科技型中小企业债券融资成本

企业信用分为狭义和广义两类,狭义企业信用指企业对债务按期还本付息的能力和意愿。广义的企业信用还包括其他法律的遵守情况和商业合同履行等情况。信用"问题"一直是困扰中小企业融资的一个主要问题。

1. 中小企业及其债券评级

目前国际上对一个企业的信用高低,主要通过第三方信用评级来衡量。信用评级是指由第三方信用评级机构,用一套相关指标体系作为考核依据,对企业(债券发行者)的偿债能力以及偿债意愿进行评价,并根据一定的标准划分信用等级并进行公告的行为。在主要西方国家,信用评级已经经历100多年的发展,形成了以标普、穆迪、惠誉三大巨头为主体的寡头格局。国内信用评级起步较

① 王铁军:《中国中小企业融资28种模式》,中国金融出版社2004年版。

晚,但发展速度较快,组织形式已经相对健全。然而,信用评级制度本身的发展仍然落后于经济金融形势的发展,信用评级的变化基本上落后于风险的发展,更别说预测系统性风险。因此,“次贷危机”之后信用评级制度受到广泛诟病。目前,信用评级制度的进一步改革已经成为理论和实务讨论的一个热点。

对于中小企业的信用评级还存在其他的问题。信用评级具有可比性、简洁性、时效性、专用性等特点。而通用的评价标准对科技型中小企业来说很难适用。首先,科技型中小企业通常处于某些领域的前沿,很难找到具有可比性的参照。其次,目前从 AAA 级别到 CCC(标普表示方法,其他公司类似)级别的评级类比过于简略,这也是目前检讨信用评级局限性的重要对象。而中小企业的情况更加复杂,这些等级很难有效鉴别科技型中小企业的信用差别。再次,中小企业,尤其科技型中小企业的发展变化极快,可以在两三年内发展成大企业,也可能在半年内陷入困境,相关信息的时效性极端,传统信用评级很难适应。最后,信用评级专门针对信用风险,而中小企业的信息不对称程度高,准确性大打折扣。

信用评级又包括两个方面的内容,一个是对企业本身进行评级,另一个是对企业发行的债券进行评级。我们这里主要讨论债券的信用评级。按照通常评级标准,中小企业发行债券基本属于投资级别(按照标普标准为 BBB 级,按照穆迪标准为 Baa 级)以下。对于科技型中小企业的债券信用评级需要考虑两方面的内容:

第一,信用增级问题,这是我们接下来探讨的主要内容。但同时我们也需要指出,中小企业信用评级和增级过程中存在一些认识误区。如通常认为信用等级越高越好,导致部分企业片面追求高信用等级(相关指标),或者不计成本提高信用等级;部分金融机构不顾企业发展前景,一概以信用等级作为贷款发放的衡量标准;部分中介机构只注重帮助企业提高相关评级指标。

第二,评级的指标体系。鉴于第一点所提出的一些问题,我们也可以从评级指标体系的构建上予以一定的纠正。因此,正确建立符合中小企业特点和要求的科学的信用评级标准和方法也是改善科技型中小企业融资难的重要内容。这里我们仅对科技型中小企业债券信用评级指标体系提出一些原则性建议。

主要原则包括：

(1)发展原则。科技型中小企业短期通常现金流较少,但从行业前景、企业创新能力、市场占有率,以及主要客户的规模和稳定性等方面可以对企业未来现金流的增加趋势有所评价。

(2)敏感性原则。科技型中小企业的经营较大型企业不稳定,所选择指标必须对企业发展前景的变化反应敏感,才能起到风险预警作用。

(3)简洁性原则。科技型中小企业通常技术含量较高,但业务相对单一,注重的是发展前景。评价指标应给发展相关指标相对较高权重,且指标不易太多。

2. 传统信用增进模式的贡献与局限

(1)担保和抵押的作用。

企业债券相关增信措施目前主要是担保和抵押,尤其在国内企业债发行中通常都通过担保和抵押,达到 AAA 级别。但在中小企业,尤其是科技型中小企业债券发行中,担保难找,抵押和质押资产不足成为主要问题。

为此,出现了一些担保和抵押的创新模式,如传统的抵押主要是不动产,近年来出现了动产抵押、仓单抵押等新形式,而担保也发展出分保、联保等形式。然而,这些形式的改变没有从根本上解决担保难的问题。

(2)传统增信模式的局限。

传统的担保和抵押方式增信最大的局限性在于风险没有分散。抵押实际上是债券发行人自己承担风险,但科技型中小企业往往没有足够可以用于抵押或质押的资产,最近虽然出现了知识产权抵押的形式,然而如何合理评估无形资产的价值仍存在很大不确定性。而担保是一种风险转移形式,对于科技型中小企业的高风险,很难找到既有意愿又有能力提供担保的纯商业担保者,多数都由政府在一定程度上介入。而政府本身不是经济行为主体,实际上没有能力承担损失,尤其政府收入来自税收,相当于纳税人承担风险,这在法理上说不过去。

3. 信用增进模式的创新

最近，尤其自中小企业私募债发行以来，许多新的增信模式被引入债券的发行，其中我们认为结构化增信模式具有彻底性。另外，我们认为从分散风险的角度出发，衍生品与债券组合的形式，应该是更好的“增信”模式。

(1)试点中的结构化模式。

所谓结构化模式，就是将同一个债券按风险承担的先后，分为优先级和劣后级，甚至可以分先后三个等级。优先级债券最后承担损失，但收益率最低。劣后级债券首先承担损失，但收益率更高。如通常中小企业私募债大多可以达到9%—10%的收益率。结构化设置之后，优先级债券承担风险按顺序处于最后，但收益率可能只有5%，而劣后级收益率可以达到15%。通常劣后级债券由承销商自己持有，一方面，相对于普通投资者，承销商与发债企业的信息不对称程度更低，另一方面，也可以增加机构的收益。

结构化债券扩大了投资者的范围，增加了融资渠道。但是结构化设置本身并没有实现风险分散，反而集聚了风险。结构化实质上是一种杠杆形式，在正常情况下，劣后债权的持有者增加了收入，但出现违约时，往往劣后资产不足以弥补损失，优先债券也会受到损失。

(2)值得期待的信用衍生品。

我们更加主张的是以风险分散形式的增信模式，信用衍生品可以达到目的。实际上信用衍生品并没有增加信用等级，而是通过信用衍生品将风险从某一特定承担者身上剥离出来，分散到更多承担者。譬如，投资者在购买科技型中小企业的债券的同时，再购买一份该债券的看跌期权，或者卖出一份相应的期货，就可以把风险锁定，而风险则由衍生品的对手持有者承担。

此外，信用衍生品的价格变化过程同时又是风险逐渐缓释的过程。而其他的增信形式中，违约和没有违约往往是一个“跳跃”过程。我们将在后面重点讨论通过衍生品“增信”的科技型中小企业债券融资模式。

第四篇　创新及对策

第十一章
科技型中小企业债券融资模式创新

本部分总结了科技型中小企业融资难的三个我们认为最根本的原因,并在此基础上提出了三个创新的原则。核心思想是通过适当的制度设计,达到既降低风险又分散风险的目的,从而让更多的投资者有意愿也能够承担科技型中小企业融资的风险。我们认为这是从根本上解决科技型中小企业融资难问题的有效途径。

第一节　科技型中小企业融资难的根本原因

国内大量的文献探讨了科技型中小企业融资难的原因,但多限于现象层面的描述,很少有从归纳的角度总结其背后的根源;有很多文献提出了所谓的科技型中小企业融资难解决方法,多是借鉴国外经验的简单对比,很少体现有针对性的创新性思维。有关建议也多非常笼统,概括起来通常是三个方面:发展和完善担保体系,发展风险投资体系,加强多层次的资本市场建设。如张捷(2003)、朱坤林(2008)、邵佳茜(2008)、李刚(2009)等。

也有一些研究提出了一些相对具体的措施,如,李燕和赵黎明(2010)从股权融资角度,对比美国和日本的资本市场体系,提出应该发展场外交易市场。任颖洁和胡海青(2012)以陕西为案例,提出了科技型中小企业知识产权质押融资问题。虽然涉及更加具体的质押融资创新问题，但没有具体分析其中的经济逻辑。

从众多文献反复提及的科技型中小企业融资难的这些“问题”，我们可以归纳出更加根本的三个因素。

1. 双向信息不对称

大量的文献提出了中小企业融资中的信息不对称问题，如钟田丽、弥跃旭等(2003)、杨丰来和黄永航(2006)、欧阳凌和欧阳令南(2004)等。几乎所有文献都是从资金融出方的信息劣势角度进行分析的，如银行、风险投资机构等由于处于信息劣势，难以监督企业资金的用途，或者监控成本过高，尤其科技型中小企业的技术门槛相对很高，通常金融机构不具备相应的专业人才。出于风险回避的角度，银行等金融机构通常不愿意向科技型中小企业融出资金，或者所要求的风险溢价高到企业无法承受。目前尚没有找到完美的解决办法，通常的缓解方法有二，其一是引入中介，往往是相对更加熟悉企业经营状况的各种机构(或其他企业)充当担保；其二是引入政府信用或者提供政府补贴。各种科技奖励基金、引导基金等，从根源上看，起到了弥补信息不对称引起的投融资双方风险溢价的认识差距。

不同于通常观点，我们认为，信息不对称在科技型中小企业的融资难问题中是双向的。投资者和筹资者从自己的角度出发，都会体会到自己处于信息劣势。对于风险投资基金、银行、债券投资者等来说，科技型中小企业的发展存在高度不确定性，企业的所有者对企业发展前景拥有信息优势。因此，投资者往往要求比较高的风险溢酬。对于企业来说，科技型中小企业的创立者对金融市场的了解处于信息劣势，不但担心过高的融资成本，更担心因风险投资等的介入失去控制权。因此很多略有起色的科技型中小企业对权益类投资资金保持一定的距离。

科技型中小企业贷款担保难找的最根本原因也是信息不对称，虽然在担保方式上进行了各种创新，但担保只是将银行和企业之间的信息不对称转移到企业和担保方的信息不对称，其本质问题没有得到缓解。换句话说，担保只是转移了风险，没有起到分散风险的作用，更别说“消灭”风险。[①]风险是有价格的，体现为资金的超过无风险收益率的溢价部分。既然风险没有消除，那么溢价也不会消除，只是转变了形式或转移了承担者。

2.缺少制度设计的专业人才

国内不缺资本，而是缺运作资本的人，这一点基本被当作常识，毕竟有大量的资金被用来从房产到白菜的炒作，但实业企业依然缺钱。如，风险投资在欧美发展得很好，但国内发展不顺利，风险投资基金管理人才缺乏被认为是主要原因之一。

风险投资基金对管理者的素质要求很高，国内优秀的风险投资基金经理的确是稀缺品种。不过这只是现象，当今世界人才全球流动，只要有了梧桐树，不愁没有金凤凰。更何况风险投资基金经理并不一定必须是个通才。事实上，同样的行业，同时起步的科技型中小企业，大部分会趋向消亡，但少部分会发展卓越。能否发现这卓越的少部分，取决于投资者能否从相同的行业背景下，找出区别成败的背后因素——这也是一种信息不对称。

这种信息不对称会产生很高的交易费用。仍以风险投资为例，风险投资不同于其他行业，其主要成本是投资失败，基本属于沉没成本。而投资成功的概率取决于其对投资对象信息的掌握和分析能力，信息分析能力取决于基金经理的专业水平，而信息收集取决于信息不对称程度。信息不对称程度越高，信息收集越困难，成本也越高。当收益－成本率过低的时候，风险资本就没有兴趣了。由此可知，这个吸引金凤凰的梧桐树就是能够降低信息不对称程度的制度设置。

所以从根本上来说，科技型中小企业融资缺少的是能够降低信息不对称成本的人才，这是制度经济学人才。制度设置还可以分为宏观制度和微观制度两

---

① 在中小企业私募债的机制中出现了部分担保，这可以看作是一种风险分担的形式，有别于传统担保的纯粹风险转移模式。

个层面，宏观不是风险投资基金层面能把握的，需要整体制度环境的健全。而微观制度设置则是具体投资项目的具体把握。其他融资渠道存在类似问题。

3. 制度环境不健全

由上一条可知，宏观的制度环境对科技型中小企业融资降低信息不对称存在重大影响，但又不是企业或投资基金等微观主体可以改变的。

制度环境本身是一个非常宽泛的概念，从风俗习惯到法律法规都可以囊括其中。从中小企业融资的角度，国内文献提到最多的是担保体系、多层次的资本市场体系、风险投资体系，当然也包括相应的法律法规。我们认为，这些都是制度环境的具体表现，是微观操作层面的问题。制度环境的建设不是要解决具体的问题，而是要从更基础的角度去考虑实现什么功能。对于科技型中小企业融资，最需要制度环境实现的功能还是如何降低信息不对称成本。具体体现在很多方面，我们认为其中的两个方面尤其重要。

首先是消除外部性，科技型中小企业在融资过程中涉及很多环节，如评估、评级、担保等，在制度不健全的情况下，很容易在中介机构出现外部性问题。如为了争取评估费用，高估或低估企业资产、信用状况、行业前景等。其次，需要消除寻租空间，尤其对于政策性扶持政策，如创新基金评选等。

第二节　科技型中小企业债券融资模式创新的方向

从以上分析可知，科技型中小企业融资难的根本问题在于两个方面，信息不对称造成的不确定性（风险）太大，以及缺乏有效分散风险的手段。换句话说，科技型中小企业融资的风险超出了通常投资者的承受意愿，或承受能力。

我们认为，创新的方向要不降低整体风险，要不将风险分解，使得特定投资者愿意且能够承受。通过设计合理的制度达到既降低风险，又分散风险的目的则更好。因为承担风险越小,投资者群体就会越大,企业融资也就越容易。

这是总的指导思想,具体创新方式可以是降低信息不对称、分担风险,以及两者的结合,我们想强调以下三个方面。

1. 从“风险转移”向“风险分担”的思维转变

(1)现有中小企业融资模式的“风险转移”模式。

科技型中小企业融资难的核心问题是高信用风险。在市场化条件下融资存在两个问题,一个是投资者的风险回避性,即当信用风险高到一定程度,愿意提供资金的机构和个人很少。另一个是过高的风险溢价。因此,信用增级是科技型中小企业融资的主要创新方向,因为信用增级可以降低投资者的风险暴露程度,也可以降低筹资者的利息成本。但我们认为目前的主要信用增级模式在风险处理上是一种“风险转移”模式,这也是目前信用增级方法的根本性缺陷。

我们将目前科技型中小企业主要的外部融资渠道分成两类:第一类包括中小板、创业板上市,以及某些民间融资形式。这些渠道不需要信用增级,但存在其他成本,且整体融资规模不大。第二类包括各种抵(质)押贷款、信用贷款、债券融资、信托融资等。第二类融资模式是主流,也都采用某种形式的信用增级措施,包括信用贷款,科技型中小企业能获得信用贷款,潜在包含了政府的信用增级。我们主要关心第二类融资模式。

目前主要的信用增级模式就是担保(抵押和质押可以看作自我担保,但科技型中小企业普遍缺少抵押物和质押物)。其实质是将原本由投资者承担,而由企业支付溢价的风险转移到担保方。通常,担保方和企业之间的信息不对称程度小于投资者和企业之间的信息不对称,因此风险有所下降。然而,不同于普通中小企业,科技型中小企业的信息不对称程度更高,由于其经营业务往往是“前沿”领域,因此专业的担保机构很难在科技型中小企业的业务中表现“专业”,信息不对称的降低程度有限。另外,担保过程本身也会增加额外的成本。

由此,面临两个问题,首先,商业担保机构和投资者一样,根本目的都是为了盈利，承担担保风险只是盈利的手段。投资者不愿承担过高风险，担保机构也不愿意承担过高风险。这样，科技型中小企业就面临担保难找，大额担保尤其难找的窘境。在中小企业集合债券发行初期(前两只集合债)，国家开发银行进行了担保，都达到AAA级，但银行担保很快就被银监会叫停，主要原因就是担保承担的风险过大。在商业担保缺位的情况下，政府信用有时候会介入进来，如第三只集合债券采用了所谓“二级担保”，获AA级，其中二级担保就是政府信用。然而政府行为从具体经济活动中退出是大势所趋，政府信用也没能力为大部分科技型中小企业提供担保。目前，集合债的发行基本处于停滞状态。一种变通式的创新是建立政府主导的专业担保公司，相对实力更加雄厚，相对商业性担保公司更能体现政策扶持倾向，但也没从根本上解决问题。

其次，风险不能“缓释”。由于科技型中小企业往往没有什么固定资产，且其发展相对两极化。对担保机构来说，也往往只有两个结果，只赚担保费，或者全额赔偿。为了降低自身风险，担保机构之间的互保、分保非常普遍。这也导致某些特殊情况下出现“担保链”的连锁反应。

担保模式的一种“不成功”[①]创新是中小企业集合债券和中小企业集合票据的统一担保形式。统一担保同样是一种风险转移模式，由于集合债券和集合票据往往是一些行业相关的企业“打包”发债，这种统一担保不仅是“风险转移”，更是一种“风险集中”形式。韩国的P-CBO模式经常被有关文献引用来类比中国的集合债券(票据)模式。但在风险处理机制上，P-CBO是一种以中小企业债券(集合)为标的资产证券化(ABS)模式，在债券发行环节是单个企业发行的。

另一类信用增级是“内部增级”，主要方法是对债券进行分级，将风险集中于某一小部分低级债券，而大部分债券为高级别债券。由于高级别债券的融资渠道更宽，增加了企业融资的能力，整体上也降低了融资成本。但在危机时期，这种机制设置也会出问题，其机理和美国“次贷危机”类似。该模式的另一潜在问

① 仅从担保角度考虑。

题是高杠杆，也是一种风险集中的模式。

(2)“风险分担”方式的必要性。

所谓“风险分担”就是在一定的机制设置下，违约的损失由相关各方按一定的比例共同承担。中小企业私募债没有担保的硬性要求，某些企业采用了“部分担保”，我们认为这是一种风险分散模式，担保方按照部分担保的比例承担潜在损失。目前中小企业债券融资模式发展最活跃的也是私募债，与此不无关系。

风险分担可以让投资者承受的风险控制在合理的比例，扩大投资者群体的范围。同时，担保机构也可以在可承受的范围内担保，避免再担保、分担保等导致的复杂担保链的形成。此外，按照风险分担原则和风险收益结合原则，可以让融资过程中的利益相关各方适当承担相应的风险。

经过分担之后，投资者面临的风险有效下降，风险溢价也会相应下降，从而降低企业的利息成本。

2. 从“外延式”向“内涵式”降低信息不对称

(1)现有创新模式的困境。

科技型中小企业融资难的根源在于信用风险高，而信用风险高的主要根源是信息不对称。因此，如何降低信息不对称被认为是解决融资难的首要问题，也有用各种制度设置来降低信息不对称。如建立各种信用记录体系，引入各种评估机构和公证机构等。我们将现有的降低信息不对称的制度称为“外延式”制度，主要原因是这些机制设计是通过增加第三方监督的形式实现的。我们认为，“外延式”降低信息不对称存在两个主要问题。

首先是效果问题。信息不对称包括多种形式，其中包括企业故意隐瞒对自己不利的信息。企业的隐瞒行为表现为逆向选择和道德风险，不会因为第三方的出现而消除，只不过博弈双方从企业与投资者，转变为企业与相关中介机构。另外，由于是第三方监督机制，这就从投资者和筹资者的双方信息不对称，变成了包括中介机构在内的三方，甚至多方信息不对称，环节的增加也会增加更多的信息不对称。

其次是寻租问题。作为第三方引进的中介机构本身也是市场行为,投资者与中介之间同样会存在信息不对称,同样有逆向选择和道德风险。重点表现为中介机构的寻租行为,如果没有有效的制约机制,中介与企业可能出现合谋行为。而另外增加制约机制,则又是一种外延式的消除信息不对称行为,变成了“道高一尺,魔高一丈”的循环博弈。

另外,建立中小金融机构来解决中小企业融资难被看作是降低信息不对称的有效方法,因为中小金融机构与中小企业接触更加紧密,了解更深。从我国的实践来看,也在大力发展中小金融机构。不过这个过程的成本也是高昂的,由于我国传统以大银行为主体的金融体系,建立中小金融机构是一个几乎从零开始的浩大工程,除了建立中小金融机构这些实体,还必须重新建立一套与之相适应的制度体系和人员队伍。

(2)从制度设计角度考虑各因素之间的制约作用。

所谓降低信息不对称的“内涵式”机制,就是在不增加第三方的情况下,通过利用利益相关方的内在制约关系,达到降低风险的目的,其本质是信息经济学的应用。此外,从现代契约理论可知,契约是不完全的,也就是说不管多么严密的制约体系,肯定存在可被利用的缺陷。这也说明外在约束机制的不足,运用信息经济学的“内涵式”约束机制是内在要求。

我们可以将科技型中小企业融资过程中涉及的各参与方归为四大类:筹资方(科技型中小企业)、最终投资方(包括各类金融机构和个人投资者)、担保方(提供各种形式的信用增级,包括地方政府)、中介机构(包括财务、审计、评估、评级、公证、法律等各方)。

在目前的情况下,筹资方以风险溢价的形式承担风险成本,由于科技型中小企业经营风险很大,风险溢价过高,企业难以承受;担保方以相对最终投资者的信息优势降低风险,同时承担风险赚取担保费收入。但担保方和筹资者之间仍存在信息不对称,风险仍然过大,一般机构不愿意担保,导致企业筹资担保方难找;最终投资者名义上不承担风险,但与担保方之间存在信息不对称,承担担保方不赔偿的风险;中介机构在筹资中提供中介服务,名义上不存在利益关系,也不承担风险。但中介机构出具的各类报告直接关系到企业融资的成败和融资的成本,因此存在寻租空间,中介机构可能与筹资方合谋。所以,投资者和担保者也承担了中介机构的风险,但中介机构不承担风险的成本。目前尚无内在约束机制限制中介机构的寻租行为。虽然对各类中介机构,都有法律法规进行规范,对违规行为进行惩罚,但这属于第三方监督,存在信息不对称。

从以上分析可知,我们在制度设计上可以综合考虑以下原则性问题:第一,降低风险溢价,让企业承受得起。降低风险需要降低信息不对称,需要担保方的参与。第二,需要降低担保方的风险。除了目前的分保形式(可能导致复杂的担保链),可以考虑风险分担机制。如,担保方提供部分担保,筹资方在可能的情况下提供部分质押或抵押。第三,中介机构承担部分风险。既可以分担担保方和投资者的风险,在合理的比例设置下,还可以压缩甚至消除寻租空间。第四,对于最终投资者需要从两方面看。一方面,由于科技型中小企业融资毕竟高风险,因此一定的风险承担可以有效阻止没有风险承受能力的投资者,如小额个人投资者。另一方面,尽量降低投资者的风险承担水平,可以扩大投资者范围,拓宽融资渠道,如一些共同基金。

3. 引入债券衍生品

根据以上阐述,我们提出了两个全新的原则性创新方向,基于这两个原则的制度和产品的创新有很多,可以成为进一步研究的方向。这里,我们仅从金融工程的角度,简要分析衍生品在实现这两个原则上的具体应用。

(1)金融衍生品的基础功能。

金融衍生产品(derivatives)是指其价值依赖于基础资产(underlyings)价值变动的合约(contracts)。这种合约可以是标准化的,也可以是非标准化的。标准化合约是指其标的物(基础资产)的交易价格、交易时间、资产特征、交易方式等都是事先标准化的，因此此类合约大多在交易所上市交易，如期货。非标准化合约是指以上各项由交易的双方自行约定，因此具有很强的灵活性，比如远期协议、非标准化期权等。其中非标准化衍生品具有在科技型中小企业融资中应用的潜力。

衍生品具有对冲风险和风险定价两种基本功能。风险对冲指的是投资者可以通过在衍生品市场的反向交易将风险敞口抵消掉，当投资资产出现亏损时，衍生品市场的收益可以弥补损失。当然，当投资资产出现超额收益的时候，也会被衍生品市场的亏损抵消掉。风险定价是指衍生品本身是没有价值的，其价值体现为基础资产的风险溢价，这种溢价在市场投机力量的作用下达到一个合理均衡。

(2)衍生品在科技型中小企业债券融资中的作用。

我们认为，在科技型中小企业融资中，衍生品还体现出一种更加重要的功能，我们称为“风险缓释”功能，也就是在衍生品交易过程中，风险得到缓慢释放。基本原理如下：

现有中小企业类债券通过担保增加信用等级，或者提高风险溢价弥补风险，风险和债券是一体的。既然风险能被定价，就有交易价值，衍生品就是风险价值的载体。如果衍生品与债券同时发行，可以将债券融资和风险剥离开来，风险单独由衍生品进行交易。

原则性的方法是科技型中小企业发行债券，同时投资者向企业、担保者、中介方等买入看跌期权，而相关利益各方在利益和风险成比例的原则下必须作为初始期权的卖出方。期权在一定条件下可以在衍生品市场交易。投资者由于拥有看跌期权，对冲了风险。

衍生品市场中的投机力量追求高风险高收益，但高流动性是投机者生存必需的市场生态。债券流动性太小，不可能吸引投机者的兴趣。衍生品可以无限制创造出来，流动性远远高于债券，为投机者提供了生态环境。结合衍生品的风险定价功能，隐含在衍生品中的风险通过不断的交易逐渐被释放出来。这种风险的释放过程通常是持续且相对平稳的，表现为衍生品价格的波动变化，从而避免了风险积聚，爆发危机。

(3)引入衍生品的条件及可行性。

科技型中小企业融资中引入衍生品，首先，需要金融衍生品市场的发育，衍生品市场的发展又以金融市场的有效性为前提。市场有效性表现为市场定价的能力和市场本身的稳定性，实际上要求完全实现利率市场化，在完全利率市场化条件下，市场力量决定利率高低，而中央银行有能力进行间接调控。

其次，需要合理的产品设计和比例设置，按照以上“风险分担”原则，各参与方的风险分担比例需要根据具体情况进行安排。这可能是一种摸着石头过河的过程，什么比例合理，需要统计资料的积累。

再次，需要风险偏好型投资者群体。

从目前国内金融市场发展趋势来看，我们认为在科技型中小企业融资中引入衍生品具有可行性，分别根据以下三个条件分析：首先，衍生品市场正在加速发展，期货、远期、互换等衍生品已经具备，期权也在仿真试验阶段。利率市场化已经进入最后阶段，尤其市场有效性已经显现出来，且在逐渐增加。其次，由于科技型中小企业众多，且规模小，而且现在各类扶持基金众多，这些条件都有利于试点。如将某些政策性扶持基金转为试点债券类投资。试点资料的积累有利于合理分担比例的确定。最后，中国目前虽然没有“对冲基金”类高风险投资基金，但私募基金开始快速发展。相对来说私募基金风险承受能力较强，也更有投机冲动。另外，运作效率低下的大量风险投资基金也可以转型进入衍生品市场。

第三节　科技型中小企业直接发债创新模式设计

本部分我们以债券融资结合风险分担原则设计了相应的科技型中小企业债券融资模式，尽可能地用制度设置，内生地降低风险，调动各方的积极性。

1. 基础模式:可转债＋债券看跌期权

这是基于单一企业债券融资的最简单模式,以"债券＋看跌期权"的组合为形式。这里,我们仍然将这个融资模式的多个参与者简化为四个:融资者,即急需资金的科技型中小企业;债券投资者,处于信息劣势;潜在的担保者,可能与融资企业存在利益相关;中介机构,包括债券承销、评级、资产评估等所有有关的中介。

具体融资模式包括两个部分:首先,科技型中小企业向投资者发行可转债,不需要担保。其次,所有参与债券发行过程的中介机构,如资产评估、信用评级等机构以及承销商等,向该债券的投资者出售看跌期权,经过一定的冻结期,该期权允许在市场交易。可以用图 11-1 表示:

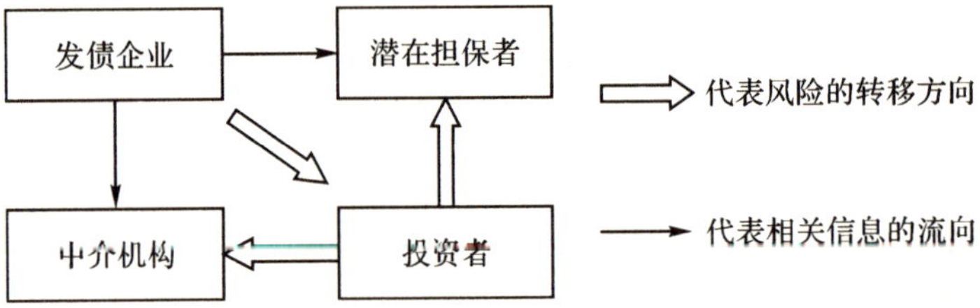

图 11-1 "可转债＋债券看跌期权"模式创新示意图

这是一个相对简单的机制设置,而且几乎不需要新增更多的机构,现有债券市场体系可以利用。不用增加更多的机构,意味着减少了产生更多信息不对称的环节。对参与的四方影响分别如下:

第一,对融资方(科技型中小企业)来说,最大的好处是可以获得发展所需的资金,且免去了寻找担保的麻烦。由于期权对冲了风险(主要是信用风险),债券风险下降,可以被普通的债券投资者所接受,如共同基金,极大地拓宽了融资的渠道。另外,由于风险降低,债券的利息成本也可以相应降低。

第二,对投资者来说,虽然支付了一定比例的期权费用,但可以把信用风险对冲掉。同时,可转债内含期权,可以转成股权资本,对风险投资具有吸引力。

对风险投资基金来说，由于债转股在债券发行后一段时间内可以行权，这段时间为风险投资提供了跟踪观察的机会。如果企业发展符合预期，可以转成股份。一旦企业发展不如预期，可以行使期权，收回投资。

科技型中小企业的初创期风险最大，这个时期的风险投资也称为“天使投资”，国内目前天使投资发展缓慢。但随着企业经营期限的增加，风险逐渐下降，投资于这类可转债，为风险投资赢得一段缓冲期，比直接投资的技术门槛要低很多。而对于投资失败的项目，传统的风险投资几乎不可能有回收，但在这类债券投资中退出相对容易，损失也要小很多。

第三，对中介来说，除了中介费用，还可以多收取期权费用。虽然需要承担相应的信用风险，但相对于投资者来说，中介面临的信息不对称程度要低很多。根据交易费用理论，融资成本与信息不对称程度成正比，这样的机制安排可以从整体上降低交易费用。

更重要的是，中介承担债券的信用风险，可以消除逆向选择和道德风险，避免出现企业和中介合谋，损害债券投资者的利益。

另外，对于承销商来说，可以大大减少资金占用。如目前的中小企业私募债有很多完全是承销商包销的。通过这样的安排，承销商不但可以节省因包销费占用的资金，还可以获得期权费收入。

第四，中小企业担保难找，最大的原因还是由于信用风险太大。在本模式中，虽然不涉及担保方，但中介机构只出售一部分看跌期权(承担风险)，剩余部分的期权出售者相当于担保者的角色，但有区别，我们称为“潜在担保者”。潜在担保者只承担部分风险，属于部分担保。由于期权可以交易，潜在担保者也可以在市场上购买期权来降低风险。

此外，在市场机制的作用下，还可以实现“1＋1＞2”的效果，降低违约事件对投资者的冲击。传统的中小企业债券由于几乎没有流动性，投资者通常只能持有到期。违约是一个“跳跃”事件，投资者只能被动地等待。风险投资虽然可以参与企业经营，但项目的失败也是一个“跳跃”事件。在一个有效的市场中，通过各种信息的持续融入，期权和债券的价格变化过程，风险的释放过程，变得相对连续。

从以上分析可以知道，不同于传统的中小企业融资风险转移的模式，本模式是一种风险“分担”和风险“降低”（消除逆向选择和道德风险）的模式，而且本模式存在一种降低信息不对称的内在机制。

2. 升级模式：含权债＋债券组合的看跌期权

基础模式是一种简单的理论模型，实际操作的可行性不大。主要原因有二：其一是科技型中小企业融资规模较小，相应的看跌期权规模也很小，期权的设置可以用来约束利益相关方的行为，可以实现分担风险的目的，但几乎不可能有流通。没有流通就达不到逐渐缓释风险的目标。其二是科技型中小企业除了高风险高成长，很难找出共性的东西，也就是说风险分担的比例只能具体项目具体确定，操作组织成本会比较高。

总之，这种模式的顺利运作需要一定的规模门槛。我们认为，这样的“门槛”纯粹通过市场自身的发展很难达到，政府应该介入初期发展。而最好的模式就是在集合债券/集合票据的基础上创新，也可以借鉴韩国 P-CBO 的相关经验。

我们的具体设计是，科技型中小企业单独发行含权债券，含权条款可以根据需要设计，如为了吸引风险投资基金，可以增加可转股条款。政府可以根据一定标准组织一批中小企业同时发债，类似于集合债券或者集合票据，但债券由单个企业分别发行。同时以同一批债券的整体为标的，根据风险分担原则，由利益相关各方向投资者出售看跌期权。这样可以增加看跌期权的容量，有利于期权的流通。具体组织模式如图 11-2，其运作机理同基础模式。

另外，政府在组织债券发行过程中也可以有不同标准。比如某一行业发展前景好，且债券存续期内风险较小，可以以行业相关性来组织债券的发行，以增加债券的吸引力，降低发行成本。而存在较高风险的行业，可以根据行业独立性来组织债券发行，以降低系统性违约风险。

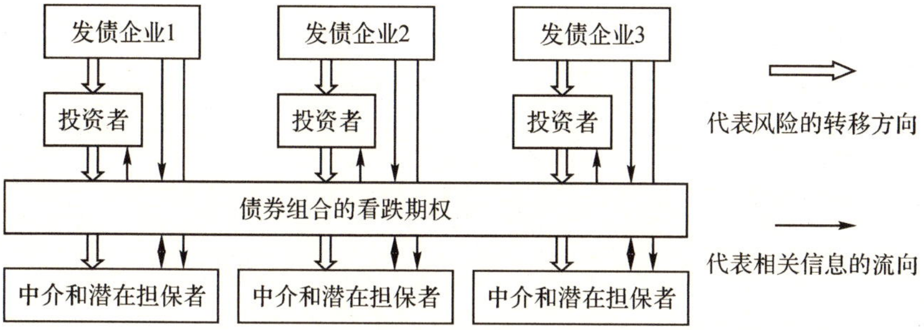

图 11-2　"含权债＋债券组合的看跌期权"模式创新示意图

3. 高级模式：可转债＋债券指数看跌期权

基础模式是简化模式，升级模式针对起步阶段，需要政府力量的推动。一个成熟的市场模式存在内在的促进动力，因此政府力量需要在市场成熟之后退出。针对以上模式，市场发展并不意味着科技型中小企业群体的消失，也不意味着高风险性的消失。因此，科技型中小企业债券本身不可能成为市场自我发展的促进力。我们可以换个角度考虑，用衍生品市场的发展来促进科技型中小企业债券的发展。换句话说，基础模式和升级模式中，看跌期权在科技型中小企业债券发行中起辅助作用。在高级阶段，以信用衍生品市场的发展为主体，而科技型中小企业的债券发行可以依托于看跌期权。

当然，这需要市场容量足够大，是一个逐步推进的过程，在这个过程中，当信用衍生品市场达到一定规模之后，债券和看跌期权的地位发生逆转。我们设想的具体做法是编制科技型中小企业债券的相关指数，发行标准化的指数期权。债券的投资者在市场中自愿购买指数看跌期权，中介机构则按规定卖出一定数量的看跌期权，并冻结一定时间，以承担相应的风险。具体模式见图 11-3 示意：

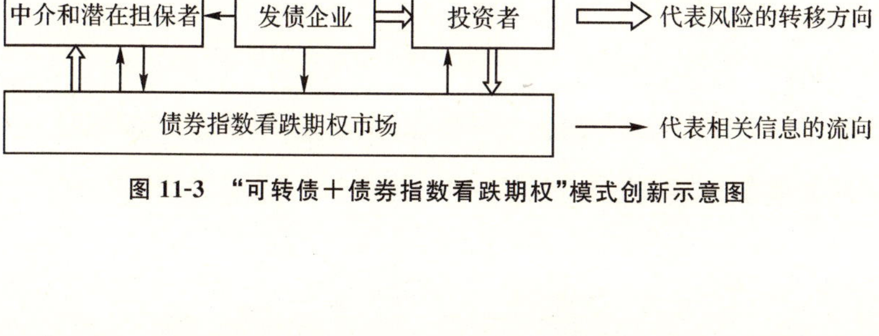

图 11-3　"可转债＋债券指数看跌期权"模式创新示意图

4. 扩展模式:含权债券+信用衍生品

以上三个模式基本上遵循,“债券+转股权+看跌期权”这种模式。实际上,债券设计可以根据具体需要有各种选择权条款可供选择,看跌期权也仅仅是衍生品的一个种类,我们还可以根据衍生品市场的发展和具体融资的需要进一步扩展。如在高级模式中,也可以发展债券指数期货。因此扩展的,或者一般化的融资模式应该是“债券+选择权条款+信用衍生品”。

第四节　资产证券化模式

以上模式属于直接融资模式,也是我们认为最理想的模式,随着市场的发展,融资效率会逐渐提高。但由于中国目前科技型中小企业主要外源性融资仍然以银行贷款为主,因此债券市场相对薄弱,且信用衍生品市场尚未真正发展起来,以上模式的发展需要时间。

由此,将债券市场和银行信贷结合起来的融资模式在近期更具操作性。资产证券化模式可以成为创新的方向。

1. 贷款资产证券化模式

贷款的资产证券化实际上就是银行将某一类贷款资产进行打包,标准化发行债券,并以资产包的利息作为最终支付来源为债券支付利息的模式。目前,银行间债券市场的“小微企业金融债”,类似小微企业贷款的资产证券化产品。

科技型中小企业贷款的资产证券化产品需要解决的问题仍然是信用风险过高,因为,资产证券化的债券利率最终来源于贷款利息。我们的指导原则还是风险分担原则。

由于银行贷款不像债券发行,参与的中介机构相对很少,因此风险分担需要引入其他参与者。现有的各类科技型中小企业的扶持基金,我们认为可以转型为资产证券化方面的专业担保基金。一方面,这类科技扶持基金多为无偿使用,支持范围很小,且一次性投入。而作为担保基金可以支持更多的科技型中小企业,且循环使用。另一方面,科技扶持基金的扶持对象选择过程同样存在信息不对称,甚至存在寻租空间。转为担保基金后,信息不对称程度下降,寻租空间也大为缩小。

2. 结构化信托模式

结构化信托模式是一种分级支付形式,即把信托资产持有分为信用等级不同的几个部分,通常会有三个等级。其中,信用等级最高的部分几乎没有风险,但收益也相应最低,这部分比重很大,在70%左右,适合一般债券投资者。中等信用级别的资产持有者存在部分损失风险,比重在20%左右,收益也相应高一些,适合风险承受能力较强的投资者,如一般私募基金。而信用等级最低的部分风险最高,一旦发生违约可能大部分损失掉,当然风险收入也最高,通常由结构化信托发起人自己持有,因为信托发起人最了解企业情况,信息不对称程度最低。

结构化信托模式有诸多好处,一方面,可以扩大融资渠道,70%以上的融资风险很低,适合普通投资者。另一方面,信托发起人可以获取高收益。而主要问题在于结构化信托的高杠杆,10%的高风险资产承担了几乎所有的风险,也就是说,违约10%就导致该部分投资完全损失。目前中小企业私募债的某些债券发行采用了结构化策略,但总的来说需要进一步摸索。

3. 其他模式

以上创新模式实际上已经存在相应的成功经验,可能是国外的,也可能是国内的。我们只是将其引入科技型中小企业的融资领域,针对其高信用风险,采用了风险分担的指导原则。这些创新模式可以在全国范围实验推广,尤其衍生品对冲风险的模式必须建立一个全国性的活跃的信用衍生品市场。

然而,中小企业融资还有许多地方性的创新模式,浙江尤其活跃。我们将现有模式进行简要总结,提出原则性的创新意见。

目前,浙江民间金融机构在中小企业融资中非常活跃,创新金融产品大致可以分为信托和“类债券”两类,对于信托类,我们认为完全可以用结构化产品进行创新。而地方的债券类创新表现出不同的特点:通常的中小企业融资创新重点在金融产品,而目前民间“类债券”金融创新重点在“渠道”。近两年来,P2P 模式和 P2C 模式是最显著的代表。

渠道方向的创新提高了融资速度,有效吸收了小额资金。问题在于低估了信用风险,没有有效的风险防范机制,而小额资金恰恰是风险承受能力最弱的。P2P 的大比例违约正是疏于风险防范机制建设的后果。

不管什么渠道融资,科技型中小企业的高风险和高成长潜力两个特征不会变化。我们认为,地方性(民间)“类债券”融资创新必须遵守两个原则:第一,杠杆原则。民间资金零散,必须通过杠杆形式才能将零散资金集中起来。第二,专业化分担原则。通过杠杆集中的零散资金不能承担过高风险,风险仍然需要以分担的形式进行分散。同时,高风险性决定了参与机构必须具有很高的专业水平,尤其是 P2P 和 P2C 等的发起者。

第十二章
发展科技型中小企业债券融资的对策建议

通过对科技型中小企业背景与现状的分析，经验及案例的总结剖析，以及对中小企业债券风险溢价、流动性、融资成本和增信模式等关键问题的理论与实证研究，我们从理论上设计了科技型中小企业直接发债融资的创新模式。实践创新模式以破解科技型中小企业融资难题还亟待融资环境的改善和政策的大力扶持，为此我们提出若干对策建议。

第一节　财税金融政策建议

从政府部门对科技型中小企业债券融资的支持政策情况来看，目前政府一方面希望以财政资金的方式解决科技型中小企业资金短缺的问题，但另一方面政府的参与也降低了金融市场的有效性，即在金融创新和市场监管方面缺乏有效的平衡机制。目前的创新基金、引导基金、科技银行、科技担保、科技保险等科技金融政策都是明显倾向于中小企业银行信贷融资的支持政策，缺乏针对科技型中小企业债券融资的有效支持政策，比如为债券融资提供贴息以降低融资成本、对科技型中小企业债券融资提供担保和保险、购买科技型中小企业发行的债券等等。因此，在发展科技型中小企业债券融资的问题上，政府应从以下几个方面加强引导和服务。

1. 允许银行资金参与科技型中小企业债券融资

适度放开监管，允许银行资金参与科技型中小企业债券融资，提高金融资源配置效率。事实上，银行资金投资购买中小企业债券与银行资金向中小企业放贷所面临的风险是基本相同的，在目前中小企业债券发行具有良好的增信担保措施的情况下，银行资金投资中小企业债券风险更小，且投资成本低而收益率高。银行资金在支持中小企业融资时，应当在信贷市场和债券市场之间进行有效资源配置。科技型中小企业的成长急需2—3年的中长期资金，而非只有1年内期限的短期流动资金。适度降低科技型中小企业债券融资的门槛，政府应为处于生命周期不同阶段的科技型中小企业提供多层次的金融服务体系。

2. 完善科技金融机制建设促进债券融资

加快完善科技金融机制建设，实质解决科技型中小企业融资难问题。通过建立国家和地方相结合的新型风险分担机制来解决科技型中小企业债券融资的增信担保问题，以控制债券违约风险。杭州市科技局通过政府设立专门为科技型中小企业提供担保的全资公司，建立独特的风险补偿机制，实现了财政资金的“杠杆效应”和“协作效应”，其经验值得推广。政府还可以通过对商业性科技担保公司提供风险补贴，降低担保公司的风险敞口，使各种政策性或商业性的担保公司为科技型中小企业债券融资提供担保的积极性得到提高。另外，政府在财政资金运营收益中提取一定比例的风险准备金，作为中小企业债券融资的专项储备，减少因债券违约带来的影响。科技金融保障机制的建设和完善是推动科技型中小企业债券融资发展的坚强后盾。

3. 创造良好的科技型中小企业债券融资市场环境

加强政策支持和引导，为科技型中小企业债券融资创造良好的金融市场环境。首先，设立市场化运作的政府引导基金，并通过下设创业投资子基金、融资风险补偿办法等方式支持科技型中小企业融资，例如通过母基金投资子基金的形式来间接实现对科技型中小企业的投资，吸引社会资金，产生资金放大的“引导”作用。其次，政府还可以通过搭建债券融资平台、设立风险补偿基金、构建科技型中小企业数据库等政策建设，为科技型中小企业创造良好的金融环境。再次，通过财政性存款分配，引导和激励银行加大对科技型中小企业债券融资的支持力度。最后，采取具有针对性的税收优惠措施，对参与和支持科技型中小企业债券融资的企业和机构予以税收减免。

4. 充分发挥财政资金的“引导”作用

改变财政投入方式，吸引民间资本参与科技型中小企业债券融资，拓宽资金供给途径，发挥政府资金的引导作用。首先，积极使用无偿援助、贴息、风险补偿等多种方法支持科技型中小企业债券融资。其次，政府积极与商业银行、投资机构、资产管理公司等合作，引导社会资金参与到科技型中小企业债券融资过程中。最后，政府积极辅导和推荐科技型中小企业开展债券融资，并大力宣传债券类产品。与此同时，政府应搭建科技金融信息平台，为科技型中小企业进行债券融资提供一站式的咨询和服务，提供债券融资辅导计划，根据企业需求联合金融机构研发债券产品，引导风险投资、中介机构等进行资源共享和债券业务合作。

科技型中小企业债券融资的发展离不开政府财政金融政策的创新和支持。在实践中，我们一方面要积极推广科技型中小企业债券融资的成功经验，另一方面还要勇于创新探索，使债券融资真正成为破解科技型中小企业融资难题的有效工具。

第二节　中小企业债券风险溢价的帕累托改进建议

根据我们对中小企业债券风险溢价问题的实证结论，就目前国内中小企业债券而言，我们认为可以做以下三个方面的创新，且都可以实现帕累托改进。

1. 适当提高中小企业债券的“事实”溢价

适当提高中小企业债券的“事实”溢价，即缩小债券持有期收益率和到期收益率的差，在一定程度上满足投资者的诉求。这不仅是必要的，也是可行的。一方面，相对于其他融资模式，中小企业债券的利率不高，存在提高收益率的空间。另一方面，中小企业债券融资存在较高的制度和组织成本，制度方面的创新可以大幅压缩这方面的成本。因此，综合各方面的创新，提高债券收益率并不一定增加发债企业的总体融资成本。

2.尽可能降低投资者的"事实"风险承担水平

尽可能降低投资者的"事实"风险承担水平，相对于其他金融市场的投资者，债券市场投资者整体上属于风险回避型，并非追求高风险高收益。因此，除了市场风险定价合理，还需要考虑投资者的风险承受意愿。因此，从风险"分担"角度出发的制度创新尤为必要。由实证分析可知，投资者风险溢价要求的变化对远期信用风险变化最为敏感。降低违约产生之后投资者的最大损失水平，而不仅仅是期望损失，具有重要意义。我们认为私募债的部分担保制度在这方面具有积极意义。另外，开发针对中小企业债券的衍生产品，为投资者提供风险对冲手段，也能有效降低他们的风险承担水平。

3.培育多元化投资者群体

培育多元化投资者群体，尤其是有较高风险承受能力的机构投资者。这需要从两方面进行创新：一方面开放和规范具有较高风险承受能力投资机构的准入，如风险投资基金，甚至对冲基金等。另一方面创新债券产品，可以设计各类含权型债券，为愿意承受高风险的机构投资者提供高收益的机会。

第三节 增加中小企业债券流动性的对策与建议

根据我们对中小企业债券流动性问题的实证结论，我们认为为了增加中小企业债券的流动性，政策上应该有如下取向：首先，提高信用风险评价效率。目前，投资者普遍认为中小企业债券信用风险高，但信用评级多为AAA级。信用等级与投资者的评价相去甚远，导致评级体系不能发挥应有的作用。其次，尽可能分散交易。从实证结果可以看到，平均交易的集中程度与流动性成反比。最后，尽可能降低信用风险，同时吸引高风险承受能力的投资者进入。从实证结果看，对流动性影响最大的因素是信用风险。中小企业债券风险和债券市场主要投资者的风险偏好存在较大差距。在具体政策上，可以采取如下措施。

1. 完善中小企业债券信用评级体系

完善信用评级体系，让信用评级体现信用风险的大小，为投资者提供客观的风险参考标准。一方面，目前的评级体系不能合理地反映债券的信用风险水平，在市场上未能按评级从低到高的顺序增加信用风险的暴露概率，而投资者害怕踩“地雷”，这种情况直接抑制了债券市场的流动性扩容。另一方面，以中小企业私募债为代表的高收益债券目前大都无信用评级，公募基金受基金契约制约不能参与，承销商的自营或理财产品购入资金又有限，很多私募债面临销售困境，沪深交易所挂牌的中小企业私募债交易也不活跃。另外，国内的信用评级机构也有待于提升自身水平，强化评级机构的专业性和公信力。

2. 完善竞争性做市商制度

完善竞争性做市商制度，增加投资者群体的多样性，这有助于使交易分散化。承销商做市不足也是债券流动性差的主要原因。投资者在购买债券(如高收益债券)时，需要承销商为市场提供流动性支持，即通过承销商做市来提高流通变现能力，而承销商能否履行这一职责决定了债券市场的流动性程度。但目前的承销商并不愿意承担做市商职责，甚至不愿意持有中小企业发行的债券存货。国内中小企业债券市场缺少具有美国米尔肯债券营销模式的债券承销中介机构，中介机构的承销能力、定价能力有待提高。

3. 中小企业债券设计中多采用选择性条款

中小企业债券的设计上多采用选择权条款，各类选择权有助于降低实际信用风险，缩小投资者偏好和债券风险的差距，让更多投资者接受中小企业债券。要不断创新中小企业债券品种，如并购融资债券、递延支付折扣债券、实物支付债券、附带认股权证债券、超额融资债券等等。譬如可转股高收益债券，通过设计条款明确在一定条件下债券可转化为股权，打通债券市场和股权市场，有助于提高高收益债券的流通性和投资价值。

4. 开发以中小企业债券为基础资产的衍生产品

开发以中小企业债券为标的的衍生品，衍生品可以对冲风险，同时可以吸引风险承受能力更强的投机者参与。Laganá, Perina et al. (2006)也证明信用衍生品会对公司债券市场的流动性产生较大影响。信用衍生品市场中的产品，譬如信用违约互换(CDS)产品，可帮助做市商和投资者对冲和化解风险，其意义在于分散了风险，CDS 可以将违约风险从债券持有人转移至 CDS 出售方，提高了市场的流动性。

附 录
调研报告

“发展科技型中小企业债券融资对策研究”课题调研报告

第一部分 调查问卷

课题组通过 AskForm 问道网发布网络调查问卷,收回有效问卷 132 份。

一、被调查企业情况

在被调查的 132 家企业中,有 66%为科技型中小企业(包括高新技术产业企业)(见图 1),大部分属于材料、信息、能源和环保等行业的企业。有 56.82%的企业处于稳定发展期,24.24%的企业处于快速发展期,14.39%的企业处于萌芽期。被调查企业中,47.73%的企业年营业额在 2000 万元以下,28.79%的企业年营业额在 2000 万—5000 万元之间(见图 2)。再从被调查企业的资本规模(见图 3)和企业员工人数(见图 4)来看,本次随机抽样调查的企业大部分属于中小企业,符合课题组对样本的质量要求。

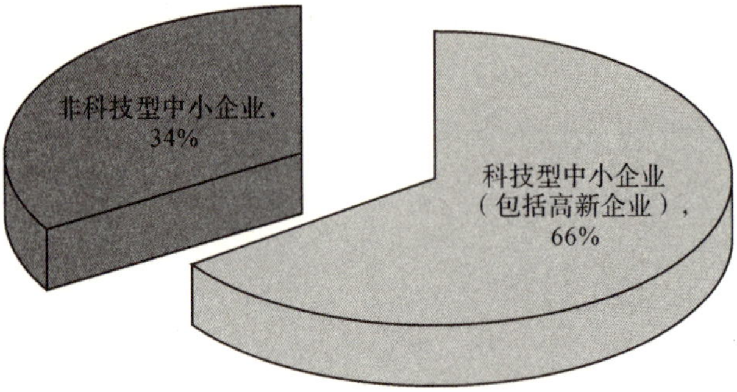

图 1 企业类型

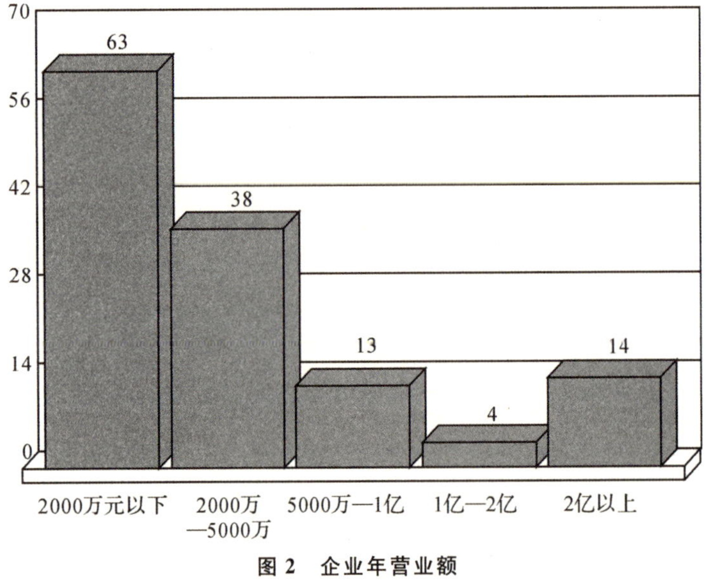

图 2 企业年营业额

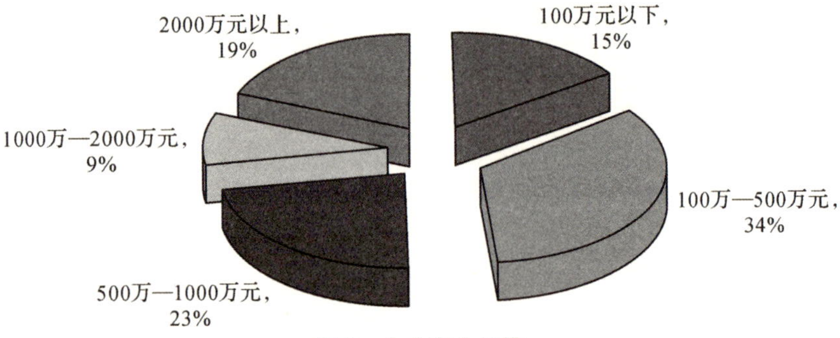

图 3 企业资本规模

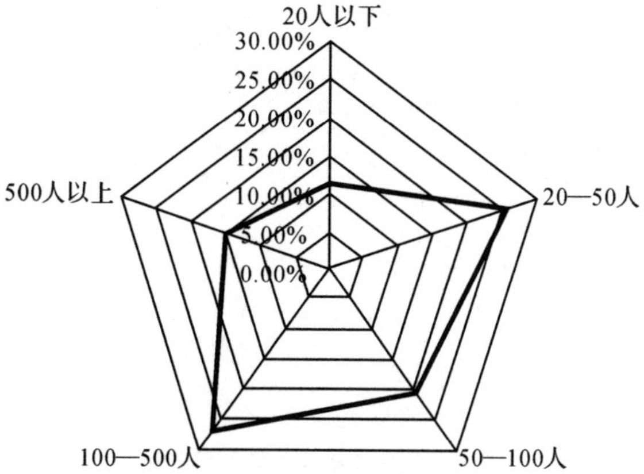

图 4　企业员工人数

二、被调查企业的科技含量

被调查企业中，34%的企业年研发投入占营业额 10%—20%，30%的企业年研发投入占到 20%—50%(见图 5)。41%的企业有研究设计类人员 3—10 人，20%的企业有研究设计类人员 10—20 人，19%的企业有研究设计类人员 20 人及以上(见图 6)。

50%以上的企业中本科学历以上员工的比率占到 20%以上(见图 7)，而且其研发人员的年流动率比较低，78%的企业研发人员年流动率控制在 10%以下(见图 8)。

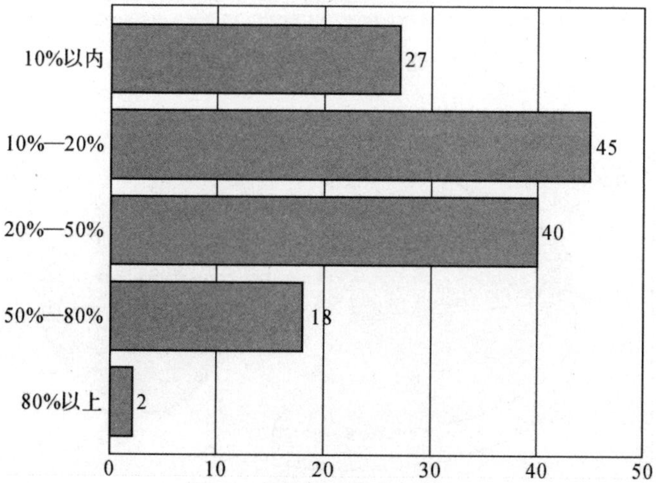

图 5　企业年研发投入情况

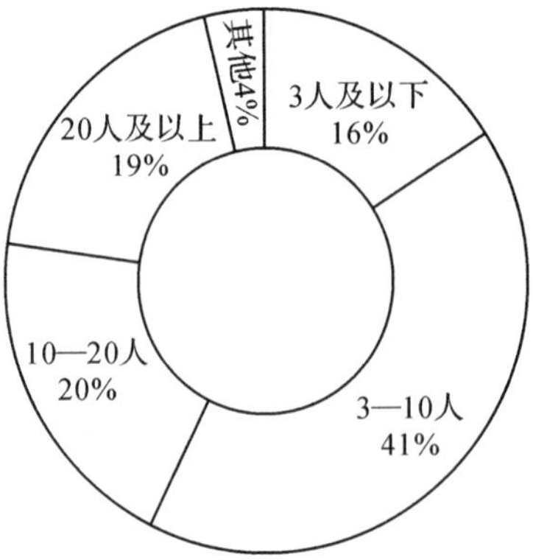

图6 企业研究设计类人员数量

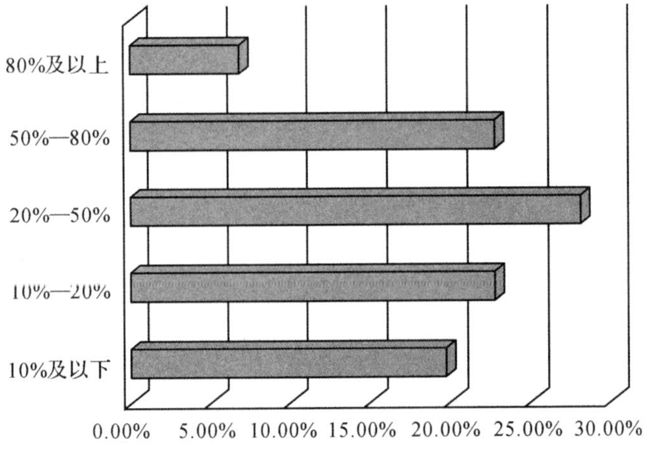

图7 企业中本科以上员工比率

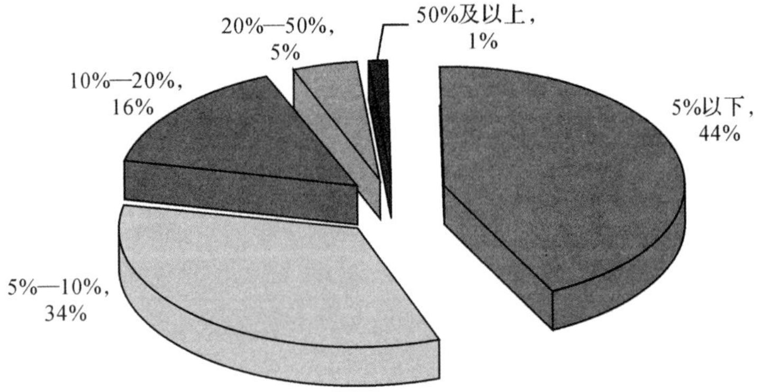

图8 企业中研发人员年流动率

被调查企业的无形资产主要包括：专利(25%)、商标(20%)、特许权(6%)、非专利专有技术(31%)、其他类型的无形资产(17%)(见图 9)。企业无形资产占总资产的比重在 10%以内的有 21%的企业，比重在 10%—20%的有 48%的企业，比重在 20%—50%的有 25%的企业(见图 10)。

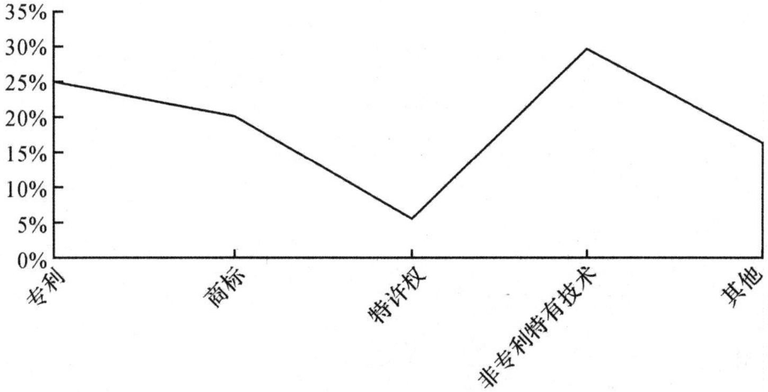

图 9　被调查企业主要无形资产

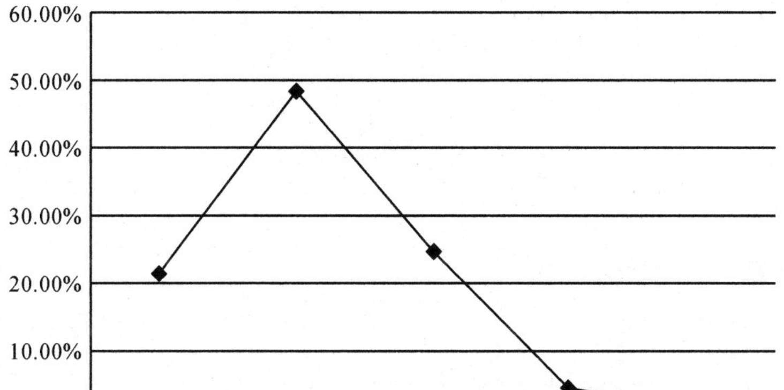

图 10　无形资产占总资产比重

可见，本调查所涉大部分企业为科技型中小企业。

三、被调查企业的融资倾向

调查显示，69%的企业偏好商业银行贷款，11%的企业偏好小额公司贷款，而希望进行债券融资的中小企业不到10%(见图11)。被调查企业的资产负债率大部分在50%以下(见图12),这可能是企业偏好银行信贷这个间接融资工具的重要原因之一。从图13中也可以看出,被调查企业现有债务的主要形式是银行贷款(73%)。债券融资这种直接融资工具未能被企业重视和采用,原因值得我们进一步研究分析。

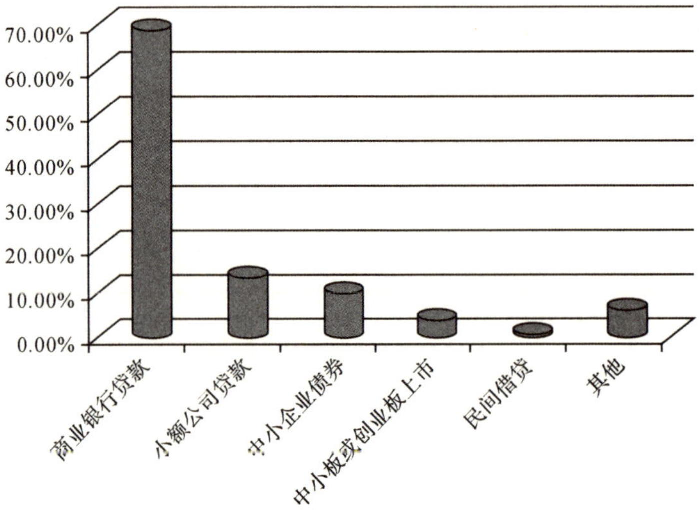

图 11　被调查企业的融资偏好

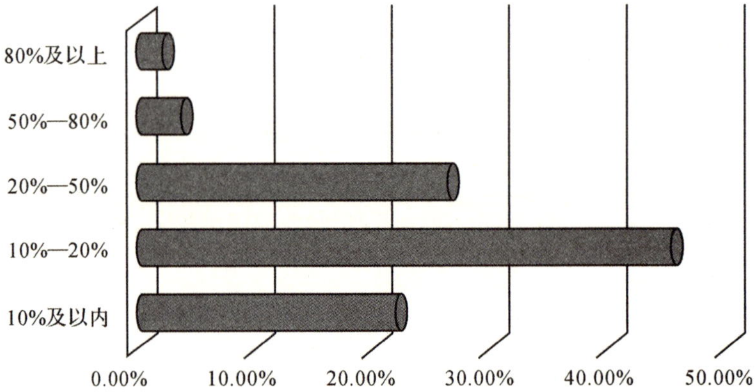

图 12　被调查企业的资产负债率

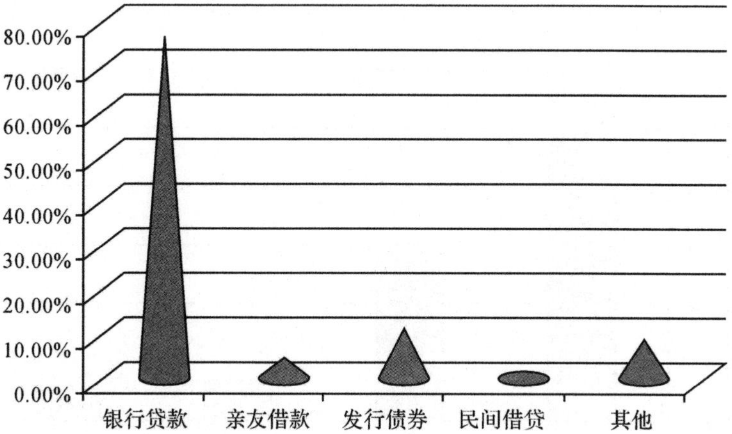

图 13　企业现有债务的主要形式

我们从两个方面对企业融资问题的主要情况做了调查,一方面是企业认为融资难的原因:38%的企业认为主要原因是利率(成本)太高,23%的企业认为融资过程烦琐,17%的企业认为是担保难找,16%的企业认为融资的附加条件苛刻(见图 14)。另一方面企业认为融资顺利的主要原因:58%的企业认为是企业信誉高,29%的企业认为是行业政策扶持,7%的企业认为是地方政府帮忙,6%的企业认为是本地资本富裕(见图 15)。

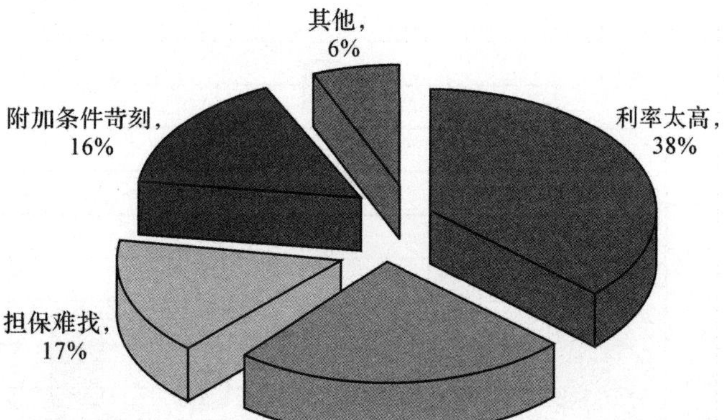

图 14　企业融资难的主要原因

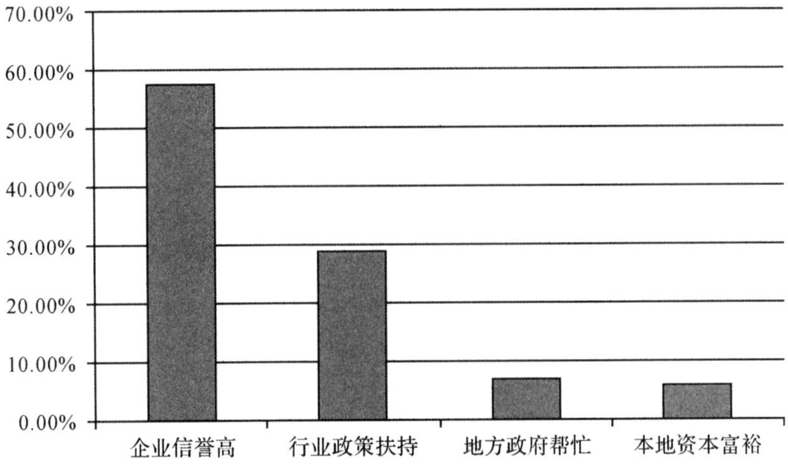

图 15　企业融资顺利的主要原因

四、被调查企业对债券融资的预期

经调查发现，被调查企业对债券融资的态度明显不一，有 18%的企业对债券融资不关心，认为用处不大，30%的企业考虑过，但觉得门槛太高，39%的企业认为对债券融资要积极争取，3%的企业已经发行过债券(见图 16)。被调查企业认为发行债券的最重要的条件依次是：企业信用、政府大力支持、行业前景、管理规范等(见图 17)。

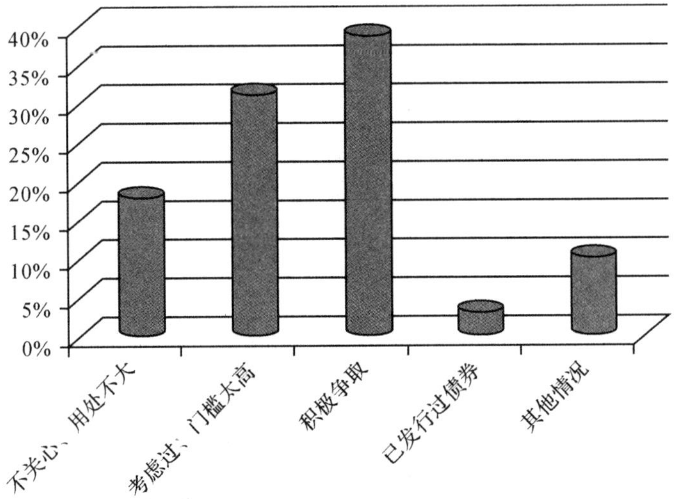

图 16　被调查企业对债券融资的态度

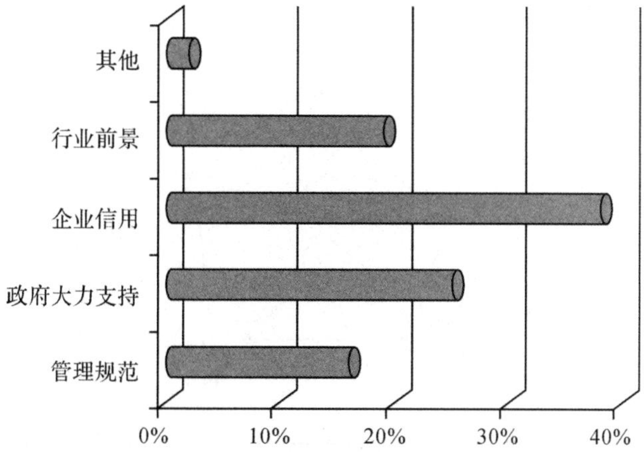

图 17 中小企业发债的条件

对于企业能接受的债券融资成本率,85%的企业认为成本率在 10%以内可接受(见图 18),70%的企业期望的债券发行期限在 2—3 年(见图 19),87%的企业期望的债券发行规模在 5000 万元以下(见图 20)。

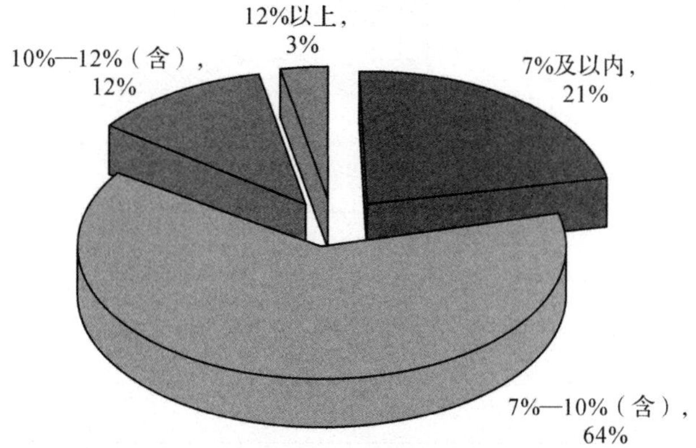

图 18 企业能接受的债券融资成本率

对于债券融资所采取的增信方式,被调查企业依次倾向于以下方式:第三方担保(包括股东)、商业保险、抵(质)押、专项基金担保、结构化设置、可转化等特殊条款、混合增信措施等。

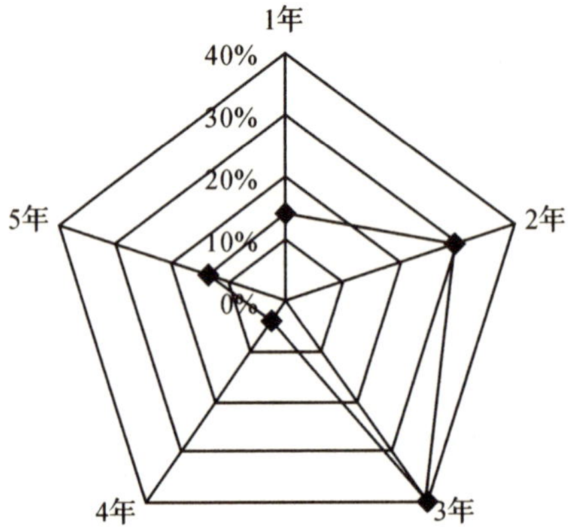

图 19　中小企业期望的债券发行期限

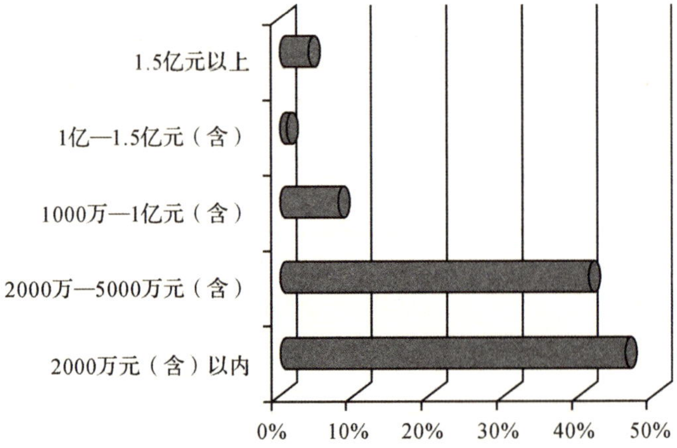

图 20　中小企业期望的债券发行规模

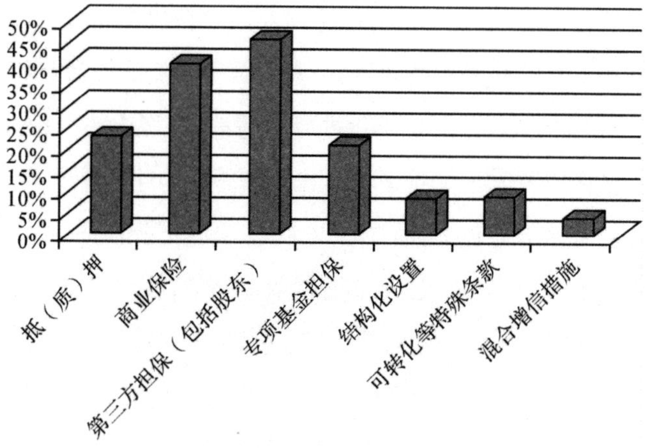

图 21 中小企业倾向的债券增信方式

第二部分 访谈调研

一、商业银行：大银行出于谨慎原则不愿开展中小企业债券业务，地方商业银行在积极推动中小企业债券等直接融资业务，而中小企业对债券融资缺乏认识和主动性

2013 年 10 月，课题组对某国有银行浙江省分行信贷部门进行了访谈。银行有关人员认为该行对中小企业债务融资业务不开展，主要原因在于风险问题。银行对中小企业债券的评级并不认可，中小企业的评级都是由各银行自己评的，没有统一的标准，与国际公认的评级标准也不同，不同银行对同一家企业的评级标准都不一样，有差别。如此，一家银行凭什么相信另外一家银行对企业的评级或者去认购另一家银行发行的中小企业债券？出于谨慎原则，银行不愿意开展中小企业债券融资业务，而银行的资金业务部门则热衷于做大型企业的债券。但对中小企业的信贷支持是有的，中小企业需要有抵押和担保，并通过网络平台申报。

银行有关人员认为目前的高收益债券实际就是垃圾债券。虽然目前的高收益债券评级在 A 级以上，但这是银行自己评的；BB 级以下的垃圾债券评级标准是按照国际公认评级机构评的。因此,国内的高收益债券评级不可信,国有大银行不愿意开展中小企业债券融资业务,倾向于做大企业的发债业务。

课题组又选择一家地方商业银行进行了访谈,情况大不一样。该行有关人员介绍,该银行在2010年就发行了浙江省内第一单中小企业集合票据,2012年连发6单中小企业集合票据,为浙江省内17家中小企业融资11.27亿元。2013年9月,该银行发行5年期15亿元小微企业金融债,2014年3月,又发行45亿元小微企业金融债。2013年1月,该行在浙江股权交易中心成功挂牌发行第一单私募债券。因此,该银行已经摸索出了一条符合中小企业经营特点的直接融资模式,解决了中小企业在债券市场不能发债的问题,有效拓宽了中小企业融资渠道,扩大了融资规模,降低了融资成本。尽管如此,我们发现从2013年起,该银行并未再发行中小企业集合票据,中小企业私募债也不再发行。这其中的原因,一方面与我们在国有大银行访谈得到的情况相符,另一方面中小企业对债券融资工具认识不足,甚至不懂什么叫债券融资。课题组在嘉兴市、济南市等地调研了多家科技型中小企业,发现绝大部分企业只知道银行贷款,不知道债券融资工具,与商业银行很难在债券融资上开展合作。这也反映了对中小企业债券融资工具使用的宣传还远远不够。

二、券商:中小型券商在初期对中小企业私募债热情较高,但随着中小企业私募债违约风险的集聚,开始担忧私募债爆发集中违约风险

2014年4月,课题组对某券商有关人员进行了访谈。该证券公司在我国证券行业中算是中型券商,但在2013年,其私募债业务单品种发行家数行业排名第3位。

有关人员认为,交易所中小企业私募债的风险正在积聚,违约风险加大。该券商承销私募债的份额还比较大,2013年排名第五,2014年排名第一。目前,已面临违约风险。违约原因主要是目前中小企业经营状况不乐观,仍面临困难。

如果私募债爆发集中违约，缺乏风险处置应对措施，券商将面临较大风险。私募债由谁来兜底？政府不会，券商不愿。超过10%利率的私募债(有的成本甚至达到14%,15%)，均有很大风险，企业不可能有这么高的利润率支撑偿付利息。

私募债隐藏的风险大于每单五六十万元的承销收入，关键是出现违约会影响券商声誉，该券商有关人员对此很担忧。券商们原认为私募债是创新业务的亮点，也要求下属机构积极开展此项业务，但券商的分支机构表示不愿意做私募债，但上级公司的要求也不能违抗。

谈到某民营债券承销商大量承销的私募债，也是集中违约的风险。须思考的问题:会不会集中违约？真发生集中违约，如何处置？有没有风险处置应对预案？

三、浙江省某机关相关处室:认可科技型中小企业集合债券融资方式，对中小企业债券融资担保创新和承销模式创新寄予希望，应从长远眼光发展中小企业债券融资

2014年3月，课题组对浙江省某机关相关处室的人员进行了访谈。有关人员认为，科技型中小企业所发行的私募债属于非标债，可以在浙江省股权交易中心挂牌，建议本课题从发债主体(标的)去研究，重点研究科技型中小企业怎么发债。

科技型中小企业融资问题的研究目前主要停留在如何提供担保，如何吸引VC、PE投资等方面，对债券融资的研究较少。现在担保公司很多，担保行业在浙江省还有较大发展空间，那么担保公司如何为科技型中小企业债券融资提供担保呢？譬如中新力合的模式，很值得研究。中新力合对中小企业债券承销模式上是有创新的，在浙江股权交易中心挂牌的中小企业私募债券大部分是中新力合承销的。其有没有隐藏的风险，风险有多大，都是值得思考的问题。

科技型中小企业集合债相对来说风险较小，发行模式较为成熟。

四、浙江股权交易中心:大力支持中小企业债券融资,提供中小企业债券挂牌、交易和相关服务的平台

浙江股权交易中心成立于 2012 年 9 月,是浙江省为解决“两多两难”,促进经济转型升级而设立的区域性股权交易市场。浙江省级金融投资平台——浙江省金融市场投资有限公司为其大股东,持股 40%。“十二五”期间,浙江致力于打造中小企业金融服务中心和民间财富管理中心“两个中心”,浙江股交中心则是实现两个中心战略的重要载体。截至 2014 年 7 月,在浙江股权交易中心备案发行债券的企业有 49 家,其中:民生工程类私募债 13 家;小贷公司定向债 6 家;普通私募债 30 家,普通私募债中有科技型中小企业 14 家。目前,中小企业私募债既可以在交易所备案发行,也可以在股权交易中心备案发行,已形成场内市场、场外市场并存的多层次私募债市场。

五、中新力合股份有限公司:中小企业可以通过债券融资来摆脱互保链。中小企业债券的风险是可以控制的,通过结构化增信设计来分担风险,通过引入债券受托管理人来控制企业经营风险和偿债风险

中新力合是全国首家实现“从私募债备案承销到成功发行整体运作”的非银行、非券商金融服务机构,其信用化私募债的实践取得了科技型中小企业、区域资本市场等多方共赢的结果。2013 年,该公司担任承销商的“中科赛思私募债”“亘古电缆私募债”先后在浙江股权交易中心成功发行,这两只债券是国内首批无资产抵押、无强增信条件、完全依托信用发债的科技型中小企业债券,开创了信用化私募债融资的先例,为广大科技型中小企业提供了成功案例。到 2014 年 7 月底,中新力合已承销 17 个中小企业私募债,累计发行完成债券金额约 3 亿元。中新力合的债券承销模式主要有以下特点:

1. 站在中小企业角度帮助企业开展债券融资。信用私募债的发行对象就是特别针对那些处于互保联保圈、本身资质又较好的中小企业,信用评级多为 AA 或 A 级,使其获得资金并从后患无穷的互保圈中解放出来。

2. 结构化增信设计，化解私募债风险。信用私募债通过结构化增信设计来平衡安全与收益。首先对信用私募债券的风险进行分层，其中：优先级占比80%，次优先级(劣后)为20%。其次吸引不同资金类型共同参与认购，优先级认购人也即合格的机构投资者，包括企业主办银行的理财资金、保险资金等，可跨过制度门槛直接投资低风险、中等收益的私募债券产品并获得无风险回报；而劣后的购买者为民间投资机构，瞄准浙江高达万亿的民间资本。其实次级的投资者赚得更多，因为次级部分的收益率更高，而通常坏账率并没有那么多，足以覆盖风险。对次级投资者来说，最好的投资结果是，投资者获得巨额回报并得到企业股权，而最坏的结果则是，损失了资金但得到了企业股权。

3. 私募债的利息成本由市场来定价。出于资金长期稳定性考虑，且不提供资产抵押、无强增信条件，综合考量私募债每年 13.37%(3 年约 40%)的发债成本仍属于较低水平。这其中包含，10%的票面成本，约 1%的其他费用(含会计师、律所费用)，2%的承销费用、信息披露费用。发债企业在低于沪深交易所私募债发行资质的前提下，实现堪比主板发债的基准融资成本，债券票面利率仅为10.7%。未来，随着该品种号召力增强，融资渠道更广，资金价格仍有不小的回落空间。

4. 通过债券受托管理人控制发债企业经营管理风险。债券受托管理人是根据债务托管协议而设立的维护债券持有人利益的机构，一般由保荐人或中国证监会认可的机构担任。在中科赛思私募债案例中，中新力合作为债券受托管理人，通过聘任具备丰富金融从业经验、社会声誉显著的专家、学者，持续关注发债企业的资信状况，督导发债企业经营与规范治理，实现在中小企业发债常规增信方式无法有效覆盖情况下的风险控制，从过去简单粗放式的实物抵押担保，提升到债券受托管理人在企业经营过程中护航。

第三部分　结论建议

根据课题组的调查问卷分析、访谈调研、政策调研和参加会议等情况，我们认为在发展科技型中小企业债券融资的问题上，政府应从以下几个方面加强引导和服务：

一、适度放开监管，发展中小型金融服务机构，允许银行资金参与科技型中小企业债券融资，提高金融资源配置效率

事实上，银行资金投资购买中小企业债券与银行资金向中小企业放贷所面临的风险是基本相同的，在目前中小企业债券发行具有良好的增信担保措施的情况下，银行资金投资中小企业债券风险更小，且投资成本低而收益率高。银行资金在支持中小企业融资时，应当在信贷市场和债券市场之间进行有效资源配置。科技型中小企业的成长急需2—3年的中长期资金，而非只有1年内期限的短期流动资金。适度降低科技型中小企业债券融资的门槛，政府应为处于生命周期不同阶段的科技型中小企业提供多层次的金融服务体系。

二、加快完善科技金融机制建设，实质解决科技型中小企业融资难问题

通过建立国家和地方相结合的新型风险分担机制来解决科技型中小企业债券融资的增信担保问题，以控制债券违约风险。杭州市科技局通过政府设立专门为科技型中小企业提供担保的全资公司，建立独特的风险补偿机制，实现了财政资金的“杠杆效应”和“协作效应”，其经验值得推广。政府还可以通过对商业性科技担保公司提供风险补贴，降低担保公司的风险敞口，使各种政策性或商业性的担保公司为科技型中小企业债券融资提供担保的积极性得到提高。另外，政府在财政资金运营收益中提取一定比例的风险准备金，作为中小企业债券融资的专项储备，降低因债券违约带来的影响。科技金融保障机制的建设和完善是推动科技型中小企业债券融资发展的坚强后盾。

三、加强政策支持和引导，为科技型中小企业债券融资创造良好的金融市场环境

首先，设立市场化运作的政府引导基金，并通过下设创业投资子基金、融资风险补偿办法等方式支持科技型中小企业融资，例如通过母基金投资子基金的形式来间接实现对科技型中小企业的投资，吸引社会资金，产生资金放大的“引导”作用。其次，政府还可以通过搭建债券融资平台、设立风险补偿基金、构建科技型中小企业数据库等政策建设，为科技型中小企业创造良好的金融环境。再次，通过财政性存款分配，引导和激励银行加大对科技型中小企业债券融资的支持力度。最后，采取具有针对性的税收优惠措施，对参与和支持科技型中小企业债券融资的企业和机构予以税收减免。

四、改变财政投入方式，吸引民间资本参与科技型中小企业债券融资，拓宽资金供给途径，发挥政府对资金的引导作用

首先，积极使用无偿援助、贴息、风险补偿等多种方法支持科技型中小企业债券融资。其次，政府积极与商业银行、投资机构、资产管理公司等合作，引导社会资金参与到科技型中小企业债券融资过程中。最后，政府积极辅导和推荐科技型中小企业开展债券融资，并大力宣传债券类产品。与此同时，政府应搭建科技金融信息平台，为科技型中小企业进行债券融资提供一站式的咨询和服务，提供债券融资辅导计划，根据企业需求联合金融机构研发债券产品，引导风险投资、中介机构等进行资源共享和债券业务合作。

五、借鉴“米尔肯模式”的积极方面，开展我国私募债等中小企业债券产品营销的实践

私募债发行最大的问题是销售，那么我们不妨借鉴“米尔肯模式”的积极方面。美国“高收益债券之王”米尔肯通过四处奔走游说，大力宣传自己的高收益债券理论，积极开拓高收益债券市场，引入高收益债券金融中介机构，增强债券流动性，使高收益债券在 20 世纪 80 年代的美国极为盛行，当时投资高收益债券的收益超过 50%。当然对“米尔肯模式”的风险和教训也要防范和吸取。私募债是高风险高收益债券，也被称为垃圾债券。在市场充分流动的情况下，垃圾债券并非债券垃圾，仍有较高的投资价值。科技型中小企业在传统融资渠道无法满足资金需求的情况下，用高额收益发行债券能迅速筹资，加快企业重组和产业结构的调整步伐，既能拓宽筹资渠道，又能转移投资风险。发行垃圾债券可以为科技型中小企业的杠杆并购筹集资金，帮助科技型中小企业迅速扩张。因此，要正确认识私募债，发扬其优点，规避其风险，让更多的债券中介机构、承销机构参与到私募债券的营销实践中，推动科技型中小企业债券市场的发展。

六、加快债券衍生产品创新，建立科技型中小企业债券市场风险对冲机制

从成本和操作可行性考虑，债券市场可以引入信用衍生产品，将风险标准化，各中介机构作为信用衍生品的卖方，担保基金作为买方。这样既约束了中介机构的寻租动机，出售衍生品的收入又可以作为一种“诚信”的激励。当违约产生时，中介机构也会自动承担相应比例的损失，减少担保机构的损失。至于过高的直接费用，实践中有不少创新，但需要权衡利弊，如集合债和集合债券，虽然降低了各种中介费用，但增加了组织成本。其他如寻找担保等方面的成本，随着制度的完善和市场有效性提高，成本自然会逐步下降。因此，要合理引入相关的衍生产品风险对冲机制，并建立有效的管理体制和风险预警系统，对债券衍生产品的安全性、稳定性加以监督检查。

课题组

2014 年 8 月

参考文献

[1] Akerlof, G. A. The Market for "Lemons": Quality Uncertainty and the Market Mechanism[J]. The Quarterly Journal of Economics,1970: 488—500.

[2] Aliber, M. Informal Finance in the Informal Economy: Promoting Decent Work among the Working Poor[R]. International Labour Organization, 2002.

[3] Baltensperger, E. Credit Rationing: Issues and Questions[J]. Journal of Money, Credit and Banking,1978: 170—183.

[4] Banerjee, A. V. , T. Besleyet al. The Neighbor's Keeper: The Design of a Credit Cooperative with Theory and a Test[J]. The Quarterly Journal of Economics,1994:491—515.

[5] Beck, T. , A. Demirguc-Kuntet al. Bank Competition and Access to Finance: International Evidence[J]. Journal of Money, Credit and Banking, 2004, 36(3): 627—648.

[6] Berger, A. N. ,G. F. Udell. Relationship Lending and Lines of Credit in Small Firm Finance[J]. Journal of Business,1995: 351—381.

[7] Berger, A. N. ,G. F. Udell. Small Business Credit Availability and Relationship Lending: The Importance of Bank Organisational Structure[J]. The Economic Journal,2002,112(477): F32—F53.

[8] Bernanke, B. S. ,A. S. Blinder. The Federal Funds Rate and the Channels of Monetary Transmission[J]. The American Economic Review,1992:901—921.

[9] Bester, H. Screening Vs. Rationing in Credit Markets with Imperfect Information[J]. The American Economic Review,1985: 850—855.

[10] Bester, H. The Role of Collateral in Credit Markets with Imperfect Information [J]. European Economic Review, 1987,31(4):887—899.

[11] Boot, A. W. , S. I. Greenbaumet al. Reputation and Discretion in Financial Contracting[J]. The American Economic Review,1993:1165—1183.

[12] Boot, A. W. ,A. V. Thakor. Moral Hazard and Secured Lending in an Infinitely Repeated Credit Market Game[J]. International Economic Review, 1994:899—920.

[13] CHAN, Y. S. , A. V. Thakor. Collateral and Competitive Equilibria with Moral Hazard and Private Information[J]. The Journal of Finance, 1987,42(2):345—363.

[14] Cressy, R. ,C. Olofsson. The Financial Conditions for Swedish Smes: Survey and Research Agenda[J]. Small Business Economics,1997,9(2): 179—192.

[15] De Meza, D. , D. C. Webb. Too Much Investment: A Problem of Asymmetric Information[J]. The Quarterly Journal of Economics,1987: 281 292.

[16] De Young, R. ,D. E. Nolle. Foreign-Owned Banks in the United States: Earning Market Share or Buying it? [J]. Journal of Money, Credit and Banking,1996:622—636.

[17] Diamond, D. W. ,R. G. Rajan. Banks, Short—Term Debt and Financial Crises: Theory, Policy Implications and Applications[R]. Carnegie-Rochester Conference Series on Public Policy, Elsevier,2001.

[18] Farinha, L. s. A. ,J. A. Santos. Switching from Single to Multiple Bank Lending Relationships: Determinants and Implications[J]. Journal of

Financial Intermediation ,2002,11(2):124—151.

[19] Gelos, R. G. ,A. M. Werner. Financial Liberalization, Credit Constraints, and Collateral: Investment in the Mexican Manufacturing Sector[J]. Journal of Development Economics,2002,67(1): 1—27.

[20] Guiso, L. , P. Sapienzaet al. Does Local Financial Development Matter? [R]. National Bureau of Economic Research,2002.

[21] Harhoff, D. ,T. Körting. Lending Relationships in Germany-Empirical Evidence from Survey Data[J]. Journal of Banking & Finance,1998,22(10): 1317—1353.

[22] Hazard, M. ,C. Rationing. Credit Markets with Asymmetric Information [J]. Lecture Notes in Economics and Mathematical Systems,1986(272).

[23] Healy, P. M. ,K. G. Palepu. Information Asymmetry, Corporate Disclosure, and the Capital Markets: A Review of the Empirical Disclosure Literature [J]. Journal of Accounting and Economics,2001,31(1):405—440.

[24] Holmstrom, B. ,J. Tirole. Financial Intermediation, Loanable Funds, and the Real Sector[J]. The Quarterly Journal of Economics,1997: 663—691.

[25] Jaffee, D. M. ,T. Russell. Imperfect Information, Uncertainty, and Credit Rationing[J]. The Quarterly Journal of Economics,1976: 651—666.

[26] Jensen, M. C. ,W. H. Meckling. Theory of the Firm: Managerial Behavior, Agency Costs, and Ownership Structure[M]. Springer,1979.

[27] La Porta, R. , F. Lopez-de-Silanes, et al. Law and Finance[M]. Springer, 2001.

[28] Machauer, A. ,M. Weber. Number of Bank Relationships: An Indicator of Competition, Borrower Quality, or Just Size? [R]. CFS Working Paper, 2000.

[29] Meyer, L. H. The Present and Future Roles of Banks in Small Business

Finance[J]. Journal of Banking & Finance,1998,22(6): 1109—1116.

[30] Modigliani, F. ,M. H. Miller. The Cost of Capital, Corporation Finance and the Theory of Investment [J]. The American Economic Review, 1958: 261—297.

[31] Myers, S. C. The Capital Structure Puzzle[J]. The Journal of Finance, 1984,39(3):574—592.

[32] N Berger, A. ,G. F Udell. The Economics of Small Business Finance: The Roles of Private Equity and Debt Markets in the Financial Growth Cycle[J]. Journal of Banking & Finance 1998,22(6): 613—673.

[33] Ordover, J. , A. Weiss. Information and the Law: Evaluating Legal Restrictions on Competitive Contracts[J]. The American Economic Review, 1981:399—404.

[34] Rajan, R. G. Insiders and Outsiders: The Choice between Informed and Arm's-Length Debt[J]. The Journal of Finance,1992,47(4): 1367—1400.

[35] Rajan, R. G. ,L. Zingales. Financial Dependence and Growth[R]. National Bureau of Economic Research,1996.

[36] Sharpe, S. A. Asymmetric Information, Bank Lending, and Implicit Contracts: A Stylized Model of Customer Relationships[J]. The Journal of Finance, 1990,45(4): 1069—1087.

[37] Stiglitz, J. E. , A. Weiss. Credit Rationing in Markets with Imperfect Information[J]. The American Economic Review,1981: 393—410.

[38] Wette, H. C. Collateral in Credit Rationing in Markets with Imperfect Information: Note[J]. The American Economic Review,1983: 442—445.

[39] Williamson, S. D. Costly Monitoring, Financial Intermediation, and Equilibrium Credit Rationing [J]. Journal of Monetary Economics, 1986, 18 (2): 159—179.

[40] 安合祥. 民营企业融资和民间互助担保组织的培育[J]. 现代财经：天津财经学院学报,2003,23(2):30—32.

[41] 陈涵. 中小企业信托融资模式问题研究[J].经济理论与经济管理,2011(8).

[42] 陈晓红.中小企业融资与二板市场[J].中南工业大学学报：社会科学版,2001,7(1)：45—49.

[43] 陈晓红,吴小瑾.中小企业社会资本的构成及其与信用水平关系的实证研究[J]. 管理世界,2007(1)：153—155.

[44] 邓彦. 发达国家的科技型中小企业融资政策对我国的启示[J].中国管理信息化：综合版,2007,10(5):55—57.

[45] 杜传文. 产业集群与中小企业直接融资[J].管理观察,2011(9):32—33.

[46] 冯用富. 交易商制度与中国二板市场[J]. 经济研究,2001(7)：74—82.

[47] 付俊文,赵红. 信息不对称下的中小企业信用担保数理分析[J]. 财经研究,2004,30(7):105—112.

[48] 龚柏新. 征信体系对中小企业融资的影响分析[J].上海金融,2008(8):92—95.

[49] 郭斌,刘曼路. 民间金融与中小企业发展：对温州的实证分析[J]. 经济研究,2002,10(10)：351—382.

[50] 郭美文,曹昱. 广东省中小企业集合信托计划可行性研究[J]. 南方金融,2010(2):79—83.

[51] 郝蕾,郭曦. 卖方垄断市场中不同担保模式对企业融资的影响——基于信息经济学的模型分析[J]. 经济研究,2005(9)：58—65.

[52] 何韧, 刘兵勇,等. 银企关系, 制度环境与中小微企业信贷可得性[J]. 金融研究,2012,11：103—115.

[53] 洪金镖. 依托企业集群行业公会：中小企业融资互助担保的新构想[J]. 东南学术,2005(2)：129—132.

[54] 侯健. 影子银行发展对中小企业融资的影响研究[J]. 南方金融,2012(6):19.

[55] 胡红星,张亚维. 中小企业信贷配给的综合模型[J].财贸研究,2005(3):63—69.

[56] 景玉琴. 中小企业融资约束与政策性金融体系的构建[J]. 经济评论,2004(6):107—112.

[57] 李志. 银行结构与中小企业融资[J]. 经济研究,2002(6):38—45.

[58] 林毅夫. 金融体系,信用和中小企业融资[J]. 浙江社会科学,2004(6):9—11.

[59] 林毅夫,李永军. 中小金融机构发展与中小企业融资[J]. 经济研究,2001,1(10):1.

[60] 林毅夫,李永军. 再论二板市场在我国的发展前景[J]. 改革,2002(2):94—102.

[61] 林毅夫,苏剑. 论二板市场在我国发展的前景[J]. 中国软科学,2000(11):16—19.

[62] 林毅夫,孙希芳. 信息,非正规金融与中小企业融资[J]. 经济研究,2005(7):35—44.

[63] 陆国庆. 中国中小板上市公司产业创新的绩效研究[J]. 经济研究,2011(2):138—148.

[64] 陆岷峰. 对中国小企业融资难问题的深层思考[J]. 斯密论坛,2009,3(4):105—109.

[65] 路遥. 科技型中小企业信用评级研究[D]. 合肥:安徽大学,2012.

[66] 罗丹阳,殷兴山. 民营中小企业非正规融资研究[J]. 金融研究,2006(4):142—150.

[67] 罗正英. 中小企业融资问题研究[M]. 北京:经济科学出版社,2004.

[68] 马九杰,毛旻昕. 县域中小企业信贷融资能力影响因素实证研究[J]. 开发研究,2005(3):116—119.

[69] 钱一鹤,金雪军. 从债券市场定价效率看利率市场化程度[J]. 南方经济,

2013(31)：33—38.
[70] 邱华炳,苏宁华. 民营企业与中国企业债券市场的发展[J]. 财经问题研究,2000(9)：47—51.
[71] 沈海平,吴秋璟. 中小企业成长性影响因素分析——基于中小板上市公司面板数据的实证研究[J]. 金融发展研究，2010(2)：66—70.
[72] 苏淑纯,欧静. 优先级债券与次级债券风险溢价差的理论分析——基于期权定价理论的应用 [J]. 时代金融，2006(9)：19.
[73] 汤继强. 我国科技型中小企业融资政策研究[M]. 北京:中国财政经济出版社,2008.
[74] 万平,陈共荣. 中小板上市公司资本结构的治理效应研究[J]. 管理世界，2008(12)：80—81.
[75] 王朝弟. 中小企业融资问题与金融支持的几点思考[J]. 金融研究，2003(1)：90—97.
[76] 王成志,徐鑫. 发达国家科技型中小企业融资模式及其对中国借鉴研究[J]. 科技与企业，2014(7):111—112.
[77] 王国刚. 创业板：如何看待民营企业上市[J]. 证券市场导报，2005(4)：4—9.
[78] 王海之. 我国中小企业直接融资问题研究[J]. 上海经济研究，2001(9)：53—59.
[79] 王真. 建立和完善我国科技型中小企业信用担保体系的研究[D]. 石家庄：河北大学,2010.
[80] 魏良华. 浅析中小企业信托融资渠道[J]. 时代金融，2006(7)：59.
[81] 向群. 私募股权投资对成长型公司的影响——基于中小板上市公司的实证研究[J]. 金融与经济，2010(1)：50—52.
[82] 肖晨. 中小企业融资中的征信制度缺失[J]. 经济导刊，2005(4)：29—35.
[83] 徐洪水. 金融缺口和交易成本最小化：中小企业融资难题的成因研究与政策路径——理论分析与宁波个案实证研究[J]. 金融研究，2001(11)：47—53.

[84] 徐军辉. 中国式影子银行的发展及其对中小企业融资的影响:上[J]. 2013.
[85] 严谷军,何嗣江. 中小企业融资结构变化与中小金融机构成长——温州案例分析[J]. 浙江大学学报：人文社会科学版，2002，32(6)：95—101.
[86] 杨丰来,黄永航. 企业治理结构，信息不对称与中小企业融资[J]. 金融研究，2006(5)：159—166.
[87] 杨胜刚,胡海波. 不对称信息下的中小企业信用担保问题研究[J]. 金融研究，2006(1)：118—126.
[88] 张捷. 中小企业的关系型借贷与银行组织结构[J]. 经济研究，2002,6(5).
[89] 张捷,王霄. 中小企业金融成长周期与融资结构变化[J]. 世界经济，2002(9)：63—70.
[90] 张琦,陈晓红. 不可预料违约风险的中小企业集合债券定价[J]. 系统工程理论与实践，2010(5)：797—802.
[91] 张雪莹. 交易所国债期限风险溢价的实证研究[J]. 证券市场导报,2006(8)：013.
[92] 周颖. 中小企业集合债券研究[D]. 长沙:中南大学,2009.
[93] 周月书,褚保金. 中小企业融资结构及影响因素分析[J]. 南京农业大学学报:社会科学版,2009,9(2):54—60.
[94] 周兆生. 中小企业融资的制度分析[J]. 财经问题研究,2003(5)：27—32.
[95] 朱静. 私募股权投资与公司价值相关性的实证研究——来自中小板上市公司的经验证据[J]. 财务与金融,2011(2):20—24.
[96] 李刚. 高新科技型中小企业融资问题分析[J]. 现代商贸工业，2009,21(18):152—153.
[97] 李燕,赵黎明. 科技型中小企业的融资选择——基于场外交易市场的研究[J]. 科技管理研究,2010(6)：136—138.
[98] 欧阳凌,欧阳令南. 中小企业融资瓶颈研究——一个基于产权理论和信息不对称的分析框架[J]. 数量经济技术经济研究,2004(4):46—51.

[99] 任颖洁,胡海青. 科技型中小企业知识产权质押融资模式——以陕西为例[J]. 社会科学家,2012(7): 71—74.
[100] 邵佳茜. 科技型中小企业融资渠道研究[D]. 杭州:浙江工商大学,2008.
[101] 张捷. 结构转换期的中小企业金融研究: 理论、实证与国际比较[M]. 北京:经济科学出版社,2003.
[102] 钟田丽, 弥跃旭,等. 信息不对称与中小企业融资市场失灵[J]. 会计研究,2003(8):42—44.
[103] 朱坤林. 中小企业融资政策国际比较及其启示[J]. 经济问题探索,2008(9): 176—180.
[104]吴庆念,钱一鹤. 中小企业债券融资困境产生的根源及对策[J]. 债券,2014(4):36—40.
[105]吴庆念,钱一鹤. 公司债券和股票的收益率相关性实证研究[J]. 经济研究导刊,2014(13):148—153.
[106] 吴庆念. 发展债券融资降低科技型中小企业融资成本[N]. 科技日报,2014-9-21.
[107] 吴庆念. 科技型中小企业私募债融资创新探索——以浙江"中科私募债"为例[J]. 中小企业管理与科技,2014(14):92—94.
[108] 史建平. 中国中小企业金融服务发展报告(2013)[M]. 北京:中国金融出版社,2013.
[109] 刘艳. 债券融资操作[M]. 北京:中国金融出版社,2011.
[110] 李心丹,束兰根. 科技金融——理论与实践[M]. 南京:南京大学出版社,2013.
[111] 赵昌文. 创新型企业的金融解决方案——2011 中国科技金融案例研究报告[M]. 北京:清华大学出版社,2012.
[112] 任曙明,郑洋,张婧阳. 科技型中小企业资本结构决策与融资服务体系[M]. 北京:科学出版社,2010.

[113] 吴庆念,钱一鹤.基于投资者视角的中小企业债券风险溢价研究[J]. 企业经济,2014(12):167—171.

[114] 吴庆念,钱一鹤.中小企业债券的流动性问题分析[J]. 企业经济,2015(5):179—183.